Radel dich satt
Düsseldorf & Umgebung

Im historischen Liedberg
warten malerische Gassen (Tour 15).

Lothar Schmidt

Radel dich satt
DÜSSELDORF UND UMGEBUNG

22 leichte Radtouren zu originellen Restaurants und Ausflugslokalen

BRUCKMANN

↑ Highlight im Südwesten: Das Kloster Knechtsteden (Touren 14 + 16)
↓ Den Rhein im Blick – Beuys-Kopf bei Meerbusch (Touren 1 + 7)
↘ Immer wieder schön – Düsseldorfs Medienhafen (Touren 2 + 12)

INHALT

Im Westen

Im Süden

↑ Markant und bekannt – das Teehäuschen von Haus Meer (Tour 12)
↗ Kirchturm von Meerbusch-Büderich (Tour 12)

Im Osten

Über die Wupper geht es auf Tour 17.

Vorwort

RAD FAHREN UND GENIESSEN, ist das nicht ein doppelter Genuss? Ich denke, ja, denn mit dem Fahrrad die Stadt, in der man zu Hause ist, und das Umland zu erkunden, ist schon mal ein großes Vergnügen. Denn dabei erlebt man Vertrautes aus neuen und ungewöhnlichen Perspektiven. Außerdem erweitert sich der Horizont durch neue Gegenden und Sehenswürdigkeiten, von denen man kaum etwas geahnt hat.

Mir jedenfalls erging es so. Einige der in diesem Buch vorgestellten Gegenden kannte ich bislang nur als Hinweisschild von der Autobahn, wie die Ohligser Heide. Von anderen hatte ich noch nicht einmal gehört, wie das Nikolauskloster bei Schloss Dyck, das mit seiner stillen und kontemplativen Atmosphäre wirkt, als wäre es aus der Zeit gefallen.

Wer mit dem Fahrrad unterwegs ist, kann immer wieder solche Aha-Erlebnisse und Glücksmomente spüren. Wie schön ist es, an einem Sonntagmorgen, wenn die Stadt erwacht, auf der Rheinpromenade in Richtung Medienhafen zu radeln. Oder in der Abendsonne zwischen den Feldern bei Willich die Weite zu spüren oder dem Lauf der Anger, des Murbachs oder der Erft zu folgen.

Wenn Rad fahren und genießen ein doppelter Genuss ist, dann deshalb, weil in diesem Buch zu jeder Tour noch ein besonderes Lokal gehört. Das kann ein nettes Café sein, dessen Auswahl an hausgemachten Kuchen und Torten glücklich macht. Das kann ein nostalgisches Ausflugslokal sein, oder auch ein kultiger Imbiss. Eine abwechslungsreiche Tour mit Eindrücken, die bereichern und begeistern. Und ein Lokal, auf das man sich während der Fahrt schon freuen kann – ich hoffe, dass Ihnen die hier ausgearbeiteten Touren genau das bieten: einen doppelten Genuss. Viel Vergnügen dabei!

Lothar Schmidt

Willkommen in Düsseldorf und Umgebung

Kunst, Kö, Altbier und Karneval – so kennt man die Landeshauptstadt von Nordrhein-Westfalen. Als Zentrum einer spannenden Radregion ist sie noch eine echte Entdeckung.

Einfach nur Lichter? Von wegen!

Was leuchtet denn da am Rheinturm? Signallichter für die Schiffe auf dem Rhein? Ein dekoratives Lichtspiel? Nein, die Lichter am höchsten Gebäude der Stadt sind auch die größte Zeitanzeige der Stadt. Es handelt sich um eine Dezimaluhr, von der man die Zeit bis auf eine Sekunde genau ablesen kann – wenn man's beherrscht. Von oben nach unten zeigen Lichter die Zehnerstunden, Einerstunden und Zehnerminuten an.

Fast 1,2 Mio. Radelnde auf der Rheinuferpromenade

Insgesamt 15 Fahrradzählstellen gibt es derzeit in Düsseldorf. Die meisten Radler wurden 2022 am Mannesmannufer gemessen (etwa auf Höhe des KIT Kunst im Tunnel). Dort fuhren knapp 1,2 Mio. Räder vorbei. An der Oberkasseler Brücke waren es immerhin noch 1 Mio. Insgesamt wurden an allen Stationen über 6,6 Mio. Radfahrende gezählt.

643.753

So viele Menschen leben nach aktuellen Daten im Stadtgebiet von Düsseldorf.

Top-Lebensqualität

Nach einer Studie von Mercer liegt Düsseldorf weltweit auf Platz 6 der Städte mit der höchsten Lebensqualität.

700 km

Auf diese stattliche Länge kommt das Düsseldorfer Fahrradnetz. Leider heißt das nicht, dass es 700 km Radwege in der Stadt gibt, denn das Fahrradnetz nutzt auch befahrene Nebenstraßen. Immerhin sind die meist als Tempo-30-Zonen ausgewiesen.

Haus zum Haus?

Was für ein seltsamer Name. Dabei ist das Haus zum Haus eigentlich eine Wasserburg. Die gehörte jedoch dem Adelsgeschlecht zum Haus. Auf den Touren rund um Düsseldorf gibt es etliche Wasserburgen- und schlösser zu entdecken.

Selfie Hotspot

Laut Düsseldorf Tourismus werden die meisten Selfies vor den Gehry-Bauten im MedienHafen gemacht. Bei den drei tanzenden Türmen in Weiß, Silber und Rot ist kaum etwas gerade: Kippende Wände, windschiefe Türme, im Mauerwerk verkantete Fenster – die Häuser sind ein Fest fürs Fotografieren. Von dem kanadischen Stararchitekten Frank O. Gehry stammt auch das Guggenheim-Museum in Bilbao, mit dem die Stadt in Nordspanien erst zum Besuchermagneten wurde.

285-mal Durchfahrt erlaubt

Von den Einbahnstraßen in Düsseldorf waren 2020 285 für Radfahrende in Gegenrichtung geöffnet.

Bergiges oder Bergisches Land?

Obwohl es rechts des Rheins ganz schön bergig wird, hat das Bergische Land seinen Namen vom ehemaligen Herzogtum Berg. Die Wupper markiert die Grenze zwischen dem Niederbergischen und dem Oberbergischen Land.

Bruckmann-Tourenfinder

Für jeden Tag die richtige Tour

			km	Hm	Std.							
1	Durch neue Quartiere in die Altstadt	●	32	100	2.30	✓	✓	✓	✓		✓	✓
2	Durch den Süden der Stadt	●	24	80	1.50	✓	✓	✓	✓			✓
3	Durchs Angerbachtal und über die Höhen bis Metzkausen und zurück	●	34	330	2.20	✓		✓		✓		✓
4	Über den PanoramaRadweg Niederbergbahn an die Ruhr	●	33	350	2.10	✓		✓	✓			✓
5	Zwischen Kaiserswerth und Rheinhafen Krefeld	●	29	50	2.10	✓	✓	✓	✓		✓	✓
6	Schlösser, Parks und ein majestätischer Rhein	●	37	110	2.45	✓	✓	✓	✓		✓	✓
7	Von Derendorf nach Kaiserswerth und durch die Ilvericher Rheinschlinge	●	34	100	2.40	✓	✓	✓	✓		✓	✓
8	Von Ratingen nach Kettwig und über Duisburgs grüne Seite zurück	●	38	270	3.00	✓		✓		✓		✓
9	Über die Ilvericher Altrheinschlinge nach Osterath	●	39	90	3.00	✓		✓	✓			✓
10	Am Nordkanal entlang zur Niers und über die Felder zurück	●	55	90	3.50	✓		✓	✓		✓	✓
11	Über den Alleenradweg nach Linn	●	56	110	4.00	✓		✓	✓			✓
12	Von Büttgen über Düsseldorf und an der Erft entlang	●	51	130	3.40	✓		✓	✓		✓	✓
13	Vom Medienhafen am Rhein entlang zum Eisessen	●	22	60	1.30	✓	✓	✓	✓			✓

			km	Hm	Std.							
14	Kleine Runde im Süden über Zons	🟠	33	110	2.30	✓	✓	✓	✓			
15	Von Kleinenbroich über Liedberg und Dyck zur Raketenstation	🟠	30	100	2.10	✓	✓	✓	✓			✓
16	An der Erft entlang, über Kloster Langwaden zum Kloster Knecht-steden	🟠	37	100	2.50	✓	✓	✓	✓			
17	Durch die Ohligser Heide zur Diepentalsperre und übers flache Land zurück	🟠	36	270	2.50	✓	✓	✓		✓		✓
18	Benrath, Zons und die wilden Auen	🟠	38	120	2.50	✓	✓	✓	✓			✓
19	Durch die Ohligser Heide nach Monheim und Benrath	⚫	53	270	4.10	✓		✓		✓	✓	✓
20	Nach Gruiten-Dorf durch tolle Täler	🟠	30	290	2.30	✓		✓		✓		
21	Per Bahn-Express bis Velbert und schön über die Höhen	⚫	50	500	3.50	✓		✓		✓		✓
22	Durch den Aaper Wald und über die Höhen bis Homberg	🟠	20	230	1.30	✓		✓	✓			✓

Stummer Wächter
am Latumer See (Tour 9)

INFO

PIKTOGRAMME ERLEICHTERN DEN ÜBERBLICK

Länge

Höhenunterschied

Fahrzeit

Einkehr

kindergeeignet

Sehenswürdigkeit

viel Sonne

schattiger Weg

Baden

ÖPNV

ANFORDERUNGEN

LEICHT

Technisch einfache Radtour auf gut ausgeschilderten und befestigten Wegen, die außerdem durch ihre kurze Wegstrecke schnell und leicht zu befahren sind. Hierbei handelt es sich oft um Strecken, die vor allen Dingen von trainierten Radlern auch als Halbtagestour in Angriff genommen werden können.

MITTEL

Touren, die durch einzelne Abschnitte oder Begebenheiten nicht mehr als leicht eingestuft werden können, aber dennoch nicht schwer sind. Oft handelt es sich um kurze Bereiche, bei denen die etwas schlechtere Wegbeschaffenheit kein müheloses Rollen ermöglicht. Außerdem sind hier auch schon mal kurze Abschnitte entlang von Straßen zu bewältigen oder der eine oder andere moderate Anstieg zu fahren. Die meisten Touren landeten jedoch in dieser Kategorie, weil sie mit mehr Kilometern auskommen.

SCHWER

Anspruchsvollere Strecken, auf denen man sich schon alleine wegen der Länge mit Vorrat eindecken sollte. Bei den schweren Touren handelt es sich ausnahmslos um Ganztagestouren, die man nur mit entsprechender Kondition angehen sollte.

Perfekt für eine Pause – Wiesen und Strände am linksrheinischen Ufer (Touren 1 + 9 + 12)

UNTERWEGS IN DÜSSELDORF UND DEM UMLAND

Erlebnisse vor der Haustür

DIE REGION

In diesem Buch werden 22 Touren vorgestellt. Bis auf zwei Touren, die das Zentrum und den Norden der Stadt sowie das Zentrum und den Süden der Stadt erschließen, führen die Strecken durchs Umland. Wenn vom Umland die Rede ist, muss es richtiger heißen, das Umland der Nachbarstädte Düsseldorf und Neuss.
Die Touren erschließen ein Gebiet in einem Radius von etwa 25 Kilometern um die

beiden Städte. Dabei grenzen sie an die umliegenden größeren Städte Duisburg, Krefeld, Mönchengladbach, Leverkusen, Wuppertal und Essen. Sie führen jedoch nicht in diese Städte hinein.

Im Osten und Nordosten lässt sich das Niederbergische Land erleben, etwa auf Touren durchs Neandertal, durchs Angerbachtal, nach Mettmann, Gruiten-Dorf und zu anderen sehenswerten Orten. Die nördliche Grenze markierten die Ruhr und der Baldeneysee.

Das Bergische Land um Solingen wird nur in einer Tour berührt. Im Südosten bleiben die Routen mehr im Bereich der Ohligser Heide und den Rheinauen. Der südlichste Punkt ist Hitdorf am Rhein.

Auf der linksrheinischen Seite ist es fast durchweg flach. Die Niederrheinische Landschaft wird im Süden bis Dormagen und Kloster Knechtsteden erfahren, im Westen bis kurz vor Viersen und im Norden bis Krefeld. Typisch für die Region sind die weiten landwirtschaftlichen Flächen. Kleinere Flüsse wie Erft und Niers prägen das Bild. Wo sie noch natürlich verlaufen, bilden sie zum Teil Feuchtgebiete mit einer reichen Tier- und Pflanzenwelt. Typisch für die Region sind auch die zahlreichen Wasserschlösser.

Wie ein roter Faden oder besser gesagt, wie ein blau-graues Band, fließt der Rhein durch die Region. Er ist der Hauptdarsteller auf vielen der beschriebenen Touren, die Achse, an der sich die gesamte Region orientiert.

DIE TOUREN

Die vorgestellten Routen sind zwischen 20 und 60 Kilometer lang. Sie führen, wenn möglich, auf befestigten Radwegen abseits des Autoverkehrs. Teilweise nutzen sie ehemalige Bahntrassen wie den PanoramaRadweg Niederbergbahn. Immer wieder verlaufen sie auch auf Fernradwegen, wie etwa dem Niersradweg, dem Ruhrtalradweg und dem Rheinradweg. Teilweise führen die Routen auch auf Radwegen entlang von Landstraßen oder zusammen mit dem Autoverkehr auf einer Landstraße oder Stadtstraße. Da dies die schlechteste Option ist, wird, wenn es keinen anderen Weg gibt, dem Autoverkehr auszuweichen, die Strecke durch ruhige Wohngebiete geführt. Insbesondere an den Start- und Endpunkten bei den S-Bahnhöfen muss damit gerechnet werden, dass man sich mit den Autos die gleiche Straße teilt. Glücklicherweise verbessert sich die Situation für Radfahrende immer mehr und es entstehen auch in Düsseldorf immer mehr Radwege.

Bei den Tourenzeiten wird nur die reine Fahrzeit angegeben. Jeder Halt und die Pause im Restaurant kommen noch dazu. Bei einer

Schöner Blick auf Düsseldorf
von Nieder- und Oberkassel (Touren 1 + 12)

Tour sollte man sich nicht unter Zeitdruck setzen. Schließlich kann es bei der Anfahrt mit der Bahn zu Verzögerungen kommen oder man muss unterwegs einen neuen Schlauch einziehen. Außerdem führen die Touren zu vielen schönen Orten, an denen man gerne etwas länger bleibt, etwa um ein Museum oder eine Ausstellung zu besuchen.

Die Fahrzeiten und Routen wurden über die App von Komoot getrackt. Sie orientieren sich an einem durchschnittlichem Fitnesslevel auf einem konventionellen Fahrrad. Die Durchschnittsgeschwindigkeit liegt je nachdem, ob es sich um eine bergige oder flache Tour handelt oder ob mit vielen städtischen Gebieten oder losem Untergrund zu rechnen ist, zwischen 12 und 14 Kilometern pro Stunde. Wer mit dem E-Bike unterwegs ist, wird daher tendenziell schneller sein.

Alle Touren sind Rundtouren. Sie starten und enden am selben Ort. Dies ist immer ein Bahnhof, der mit S-Bahnen erreicht werden kann. Eine Ausnahme gibt es: Der Bahnhof Osterath wird nur von Regionalbahnen angefahren. Die Bahnhöfe mit S-Bahn-Anbindung wurden gewählt, weil sie für Radler am bequemsten sind. S-Bahnen haben in der Regel eine hohe Frequenz und sind für Radfahrende leicht zu nutzen. Wer ein Dauerticket für den Verkehrsverbund hat, nutzt die Bahnen umsonst. Allerdings nicht für das Fahrrad, hierfür benötigt man ein Extra-Ticket. Das FahrradTagesTicket NRW kann mit allen anderen NRW-Nahverkehrstickets kombiniert werden und gilt einen Tag für beliebig viele Fahrten. Es kostet 5,10 Euro (Stand 2023).

An den meisten Bahnhöfen stehen auch Parkplätze für Pkws zur Verfügung. Allerdings sind dies selten große Parkplätze und insbesondere an Wochentagen kann man Pech haben und keinen Platz finden. Alternative Parkmöglichkeiten sind bei den Routen zum Teil mit angegeben. Der Routenverlauf ist dann entsprechend anzupassen. Zu jeder Tour gibt es GPS-Tracks zum Download.

DIE RESTAURANTS

Wenn man sich in einem Kreis von 25 Kilometern in und um Düsseldorf bewegt, geht die Zahl der Cafés und Restaurants in die Tausende. Wie lässt sich da eine überzeugende Auswahl treffen? Ganz ehrlich, es geht nicht. Und deshalb ist dies meine ganz persönliche Auswahl. Die Lokale sollen gut zur Tour passen und wenn möglich einen Biergarten oder eine Außenterrasse haben. Egal, ob es ein Imbiss ist oder eine anspruchsvolle Küche, wichtig ist, dass das Lokal sympathisch ist, dass es etwas Besonderes und Eigenes hat, weil die Menschen, die dort arbeiten, Wert darauf legen, dass die Gäste freundlich bedient werden, der Kuchen selbst gemacht ist, man sich Zeit für ein Gespräch lässt oder was auch immer. Lassen Sie sich überraschen.

SCHWIERIGKEITSGRAD UND AN WEN RICHTEN SICH DIE TOUREN?

In diesem Buch geht es nicht um Radsport, sondern um Genussradeln. Der große Vorteil für Radfahrende in der Region Düsseldorf ist es, dass sie insbesondere im Linksrheinischen praktisch keine Berge erklimmen müssen. Daher ist bei den flachen kürzeren Touren auch keine besondere Fitness gefragt. Touren mit 200 und mehr Höhenmetern fordern schon mehr vom Körper. Grundsätzlich erhöht eine gute Grundkondition das Vergnügen.

AUSRÜSTUNG

Mit einem Trekkingbike, einem Mountainbike oder einem Gravel Bike ist man bei diesen Touren am besten unterwegs – egal ob konventionell oder mit Elektro-Unterstützung. Hollandräder und schwere Cityräder sind bei den Citytouren und kürzeren flachen Touren möglich. Für die weiteren und bergigen Touren eher nicht. Fürs Rennrad sind die Touren wegen diverser Waldwege nicht geeignet.

Natürlich sollte das Fahrrad komplett funktionstüchtig sein und über eine Lichtanlage verfügen. Ein Ersatzschlauch mit Mantelheber und eine kleine Luftpumpe gehören ebenso zum Bordgepäck wie ein kleines Multitool, mit dem sich auch mal eine lose Schraube festziehen lässt.

Bei jeder Tour sollte man ausreichend Wasser und einen Snack dabeihaben – Rad fahren kann sehr hungrig machen. Mit einem Helm ist man nicht nur sicherer unterwegs, er ist auch ein angenehmer Sonnenschutz an hellen Tagen.

TIPPS FÜR DIE RAD-REGION

Allgemeine Navigation
www.radroutenplaner.nrw.de
www.radnetz-deutschland.de
www.radregionrheinland.de

Radfernwege
Erft-Radweg www.erftweg.de
Nordkanal-Route www.nordkanal.net
Rheinradweg www.rheinradweg.eu
Hanseradweg www.hanseradweg.de
RuhrtalRadweg www.ruhrtalradweg.de

↓ Autofrei und mit bester Aussicht in den Medienhafen (Touren 2 + 12)
↘ Mit der Fähre in Kaiserswerth über den Rhein (Tour 5)

Großes Kino der Natur – Abendstimmung in Kaiserswerth (Touren 5 + 6 +7)

Düsseldorfs größter Park, der Südpark, ist zu jeder Jahreszeit einladend (Tour 2).

DURCH DIE STADT

Durch Parks, über Promenaden
und immer wieder lockt der Rhein

Treffpunkt für Einheimische und Touristen – die Rheintreppe am Burgplatz

1

DURCH NEUE QUARTIERE IN DIE ALTSTADT

Rheinisch mit Fernost

Die erste Tour führt zunächst durch die nördlichen Stadtteile Pempelfort und Golzheim. Dann geht es am Rhein entlang, erst rechts-, dann linksrheinisch, bevor das nächste Ziel erreicht ist: die Altstadt mit weniger bekannten Ecken. Zum Abschluss wird's japanisch.

HAUPTBAHNHOF Ja, das muss sein – die erste Tour startet am Hauptbahnhof. Der ist für alle S-Bahnen erreichbar und fast immer entsprechend voll und belebt. Für eine Radtour, die zu weiten Teilen durch die Innenstadt führt, passt das. Also los, genießen Sie den Trubel, das Durcheinander der Menschen, die kommen und gehen, das Großstadtgefühl der Landeshauptstadt.
Über wenig beeindruckende Straßen fahren wir zunächst in Richtung Toulouser Allee. Sozusagen zur Begrüßung der Neuen Stadtquartiere Derendorf, wie das städtebauliche Projekt ursprünglich hieß, erwartet einen das 25hours-Hotel. Die Bar in der 17. Etage ist auch bei Nicht-Hotel-Gästen beliebt – die Aussicht ist spektakulär. Nicht nur das 25hours, auch viele andere Gebäude des Viertels, das ab den Nullerjahren auf dem Gelände des ehemaligen Güterbahnhofs entstanden ist, sind ungewöhnlich und abwechslungsreich.

GEDENKSTÄTTE AM EHEMALIGEN GÜTERBAHNHOF Weniger rühmlich ist, was in diesem Gebiet während der Naziherrschaft geschah. Zwischen Oktober 1941 und Januar 1945 wurden von hier mehr als 6000 jüdische Bürgerinnen und Bürger aus Düsseldorf und der umliegenden Region in nationalsozialistische Ghettos und Vernichtungslager deportiert. Heute erinnert eine Gedenkstätte an das dunkle Kapitel der Stadtgeschichte. Entlang der unterschiedlichen Bauabschnitte des Viertels landen wir bald vor der komplett Aluminium-verkleideten Hochschule Düsseldorf HSD. Wer mag, dreht eine Runde über den hochmodernen, 2018 fertiggestellten Campus, bevor es über die Münsterstraße in die Nordstraße geht. Das ist die gemütliche Einkaufsstraße von Düsseldorf-Derendorf. Einen kleinen Schlenker ist die ab 1899 erbaute Kreuzkirche wert, vor allem, wenn die Türen geöffnet sind und man einen Blick in den hohen, neoromanischen Innenraum werfen kann.

EHRENHOF Nur 27 Jahre später – und im Stil doch ganz anders – wurde mit dem Bau des Ehrenhofs begonnen. Das expressionistische Gebäudeensemble erreichen wir in der Verlängerung der Nordstraße. In den Gebäuden sind der Kunstpalast und das NRW-Forum untergebracht. Die Tonhalle mit ihrer großen Konzertkuppel schließt das Areal zur Stadtmitte hin ab.
Geradezu legendär ist die Trinkhalle, an der wir gleich vorbeikommen – das Fortuna-Büdchen. Ob Fortuna-Fan oder nicht, Radler, Spaziergänger, Einheimische und Touristen – hier etwas zu trinken und dabei auf den Rhein zu schauen, ist zu jeder Jahreszeit beliebt. Gleich nebenan liegt das kleine Rheingärtchen, ein hübscher Park mit schönem Blick über die parkenden Wohnmobile am Tonhallenufer, den Rhein und Oberkassel.

Schlossturm mit Schifffahrtsmuseum

Tipp

JAPANISCHER GARTEN

In der Ecke zwischen Rotterdamer Straße und Messe befindet sich ein ganz besonderer Teil des Nordparks – der Japanische Garten. Die enge Verbindung der Landeshauptstadt zu Japan zeigt sich hier auf besonders schöne Weise. Ein Bach plätschert anmutig durch eine idyllische und sorgfältig angelegte Miniaturlandschaft. Exotische Bäume wie Schwarzkiefern und japanischer Ahorn, geheimnisvolle Laternen, ein stiller Teich – es ist wie eine kleine Reise ans andere Ende der Welt. Ein kleiner Rundweg führt durch das 5000 Quadratmeter große Areal, das 1975 als Geschenk der japanischen Gemeinde angelegt wurde (Stockumer Kirchstraße, tgl. geöffnet).

DIE WEISSE SIEDLUNG Hinter den Rheinterrassen rollen wir hinunter, direkt ans Wasser und bleiben dort bis zur Theodor-Heuss-Brücke und dem Jachthafen Düsseldorf. Wie schön es ist, in und um Düsseldorf mit Rad unterwegs zu sein, erlebt man bei dieser erst jetzt so richtig. Auf breitem und glatten Asphalt rollen wir unter den Bäumen am Rhein entlang. Links ist der Fluss und auch rechts gibt es immer wieder was zu sehen. Ein in seiner Geschichte immer wieder umstrittenes Kriegerdenkmal, dann die Weiße Siedlung, eine der exklusivsten Wohnadressen der Stadt. Ursprünglich wurden die weiß getünchten Backsteinhäuser von den Nazis 1936 als Musterhaus-Siedlung erbaut. Seit der Nachkriegszeit sind zehn der Häuser für Künstler reserviert, die dort leben und arbeiten.

NORDPARK UND MESSE Daneben schließt sich der Nordpark an. Auch er ist ein Relikt der Nazizeit, was sich noch an einigen Gebäuden und den beeindruckenden Sichtachsen erkennen lässt. Heute ist er eine beliebte Grünanlage mit einem exotischen Kleinod, dem Japanischen Garten (siehe Tipp).

↓ Spannende Architektur in den neuen Stadtquartieren Derendorf

↘ Auf dem Deich in Niederkassel

Das expressionistische Ensemble Ehrenhof mit der Tonhalle und dem Ausstellungshaus NRW-Forum

Nun kommt das Messegelände, auf der so bekannte Messe-Events wie die boot Düsseldorf, die ProWein oder der Caravan Salon stattfinden. Dahinter liegt die MERKUR SPIEL-ARENA, wo der Fußballclub Fortuna Düsseldorf seine Fans regelmäßig auf eine Achterbahn der Gefühle schickt.

ÜBER DIE FLUGHAFENBRÜCKE Über den Deich zu rollen, dazu muss man nichts sagen – das ist einfach schön. Vor allem das Stück ab dem Wasserwerk in Richtung Kaiserswerth. Übrigens, am Eingangstor zum Wasserwerk gibt es einen Trinkbrunnen. Irgendein Wind bläst auf dem Deich immer. Ist aber auch egal, denn wer jetzt Gegenwind hat, wird ihn nachher im Rücken spüren. Aber vorher queren wir noch den Rhein über die Flughafenbrücke. Es ist beeindruckend, hoch über dem Wasser zu fahren und zu sehen, wie der Fluss sich seinen Weg in Richtung Duisburg bahnt. Nebenan donnert der Verkehr auf der A 44.

Gleich wird es wieder ruhig und wir erleben die Rheinlandschaft von der anderen Seite und mit Blick in Richtung Düsseldorf. Sollten sich jetzt die ersten Hungergefühle einstellen – gleich ist das Ziel erreicht, die **D-Schänke** in Alt-Niederkassel. In der dörflichen Gasse, in der das Lokal liegt, käme man gar nicht auf die Idee, dass nur wenige Meter weiter der Düsseldorfer Geldadel residiert. Die unbescheidenen Wohndomizile am Kaiser-Friedrich-Ring lassen dann doch keinen Zweifel mehr. Der Blick hinüber auf die Altstadt ist aber auch wirklich schön.

IN DIE ALTSTADT Nach einer kurzen Runde durch Oberkassel fahren wir genau dorthin: in die Altstadt. Also wieder über den Rhein, jetzt über die Oberkasseler Brücke, ins Herz der Stadt. Das Schöne ist – wir müssen gar nicht absteigen, sehen oben den Schlossturm und unten die Kasematten, umkurven das weniger bekannte und ruhige Gebiet am Spee'schen Graben, um zielsicher auf der Kö zu landen. Nach allem, was wir schon gesehen haben, nehmen wir die Champs Élysées von Düsseldorf, die Kö, mit einem gnädigen Wohlwollen zur Kenntnis und radeln souverän an den Nobelkarossen vorbei, die wahrscheinlich gerade im Stau stehen.

DAS JAPANISCHE VIERTEL Auch beeindruckend, auch international und doch ganz anders als die Kö, ist die Immermannstraße, die uns wieder in Richtung Bahnhof bringt. Hier in Little Tokyo sieht man auf den ersten Blick, warum in der NRW-Hauptstadt die größte japanische Gemeinde Deutschlands zu Hause ist: Buchhandlungen, Restaurants, Imbisse und diverse Shops bringen japanische Lebensart in die Stadt. Vielleicht noch mit einer Tasse Matcha-Tee? Und schon sind Sie wieder im Getümmel am Bahnhof, wo die Tour begann und nun wieder endet.

INFO

AUSGANGS-/ ENDPUNKT
Hauptbahnhof Düsseldorf

HÖCHSTER PUNKT
48 m

TIEFSTER PUNKT
29 m

ANFAHRT
S1, S6, S7, S8, S11, S28, S68

PARKEN
Parkplatz am Wasserwerk Am Staad;
Parkplatz am Modellflugplatz Meerbusch

Mittel	32 km	100 Hm	2.30 Std.

↑↑ Feine Bistro-Küche in bodenständiger Atmosphäre
↑ Mehr als Altbier – die D-Schänke führt zahlreiche Weine. ↗ Gemütlich sitzt man hier überall.
↘ Jeder Teller wird liebevoll angerichtet. ↓↘ Für den ersten Durst ein frisch gezapftes Altbier.

D-SCHÄNKE

Wirklich schade, dass so viele alte Gasthäuser schließen, weil sie mit ihrem Angebot nicht mehr genügend Gäste ansprechen. Nicht so die D-Schänke in Niederkassel. Das schön rustikale Brauhaus hat die Idee des gemütlichen Gasthauses in die Gegenwart übersetzt. Das schmeckt und sieht man: Besonders den D-Schänke Burger, den Düsseldorfer Senfrostbraten und die Bouillabaisse empfehlen die jungen Gastgeber. Ihr Credo: »Wir kochen leidenschaftlich bodenständig, ohne Chichi und Convenience-Produkte.« Davon kann man sich auch auf der wechselnden Wochenkarte überzeugen. Überraschend für die Brauhausfans ist die sehr gute Weinauswahl. Natürlich gibt es auch Altbier und alkoholfreie Getränke. Zum Lokal gehört neben einem Biergarten auch eine Kegelbahn – sie meinen es also ernst mit der Dorfschänken-Tradition.

Alt Niederkassel 49, 40547 Düsseldorf, Tel. 0211/15 84 98 28, www.d-schaenke.de, Mo–Fr 16–23, Sa 14–23 Uhr, So 12–23 Uhr

DURCH DEN SÜDEN DER STADT

Hippster, Punks und Multikulti

Durch Flingern und den Südpark, am Rhein entlang und über den Medienhafen durch Unterbilk und Carlstadt zurück ins Zentrum. Die leichte Tour ist voller Kontraste und führt durch ganz unterschiedliche Stadtlandschaften.

Bewegende Bauwerke – die Gehry-Bauten sind längst Wahrzeichen der Landeshauptstadt

2

Spannende Architektur und spannende Perspektiven im Medienhafen

DIE WELT IN EINER STRASSE Das Gewimmel am Hauptbahnhof kann erst einmal einschüchtern – erst recht, wenn man mit einem Fahrrad unterwegs ist, das man im Aufzug von der Gleisebene auf die darunter liegende Eingangsebene befördern kann. Zwischen Straßenbahngleisen, vorbei an den Fernbussen fahren wir langsam in Richtung Worringer Platz. Der dreieckige Platz ist ein komplexes Durcheinander aus Straßen und Gleisen. Aus allen Richtungen kommen Autos und dazu noch die Straßenbahnen – keine Panik, im Notfall einfach schieben, gleich ist es geschafft. Denn seit in der Kölner Straße rechts und links breite Fahrradspuren eingerichtet wurden, hat die breite Schneise viel gewonnen. So kann man auch entspannt an den bunten Geschäften entlangfahren, deren Angebote aus der ganzen Welt kommen. Wahrscheinlich gibt es keine internationalere Straße in ganz Düsseldorf. Essen und Lebensmittel aus Iran, Kroatien, Thailand, Ghana und dem Libanon. Afrikanische und südosteuropäische Frisiersalons und natürlich auch Läden und Geschäfte mit deutschem Hintergrund wie eine echte Eckkneipe, eine Autowerkstadt oder ein Billardsalon.

HIPPSTER UND AUTONOME SZENE Am Wehrhahn verlassen wir diese bunte Welt, überqueren die Bahngleise und fahren über die Beethovenstraße durch das Herz von Flingern Nord. Noch bis in die Nullerjahre war Flingern der Stadtteil der Künstler mit entsprechenden Lokalen, Galerien und Kultur. Im Zuge der Gentrifizierung hat sich dieses künstlerische Erbe verwandelt und zeigt sich nun in ungewöhnlichen Cafés und kleinen überraschenden Läden und Boutiquen. Davon gibt es in der Ackerstraße so viele, dass man gerne das Rad schiebt, um in die Schaufenster zu schauen und dies und das zu entdecken.
In die noch wilderen Zeiten von Düsseldorf und seiner Subkulturen kommen wir in Flingern Süd. Die Landeshauptstadt war eine

Tipp

BOTANISCHER GARTEN

In der Nähe des Südparks liegt der Botanische Garten der Heinrich-Heine-Universität. Nicht nur das Freigelände ist ein florales Erlebnis, sondern erst recht der gläserne Kuppelbau im Zentrum der Anlage. Die sieht aus wie eine Forschungsstation für künftige Weltraumexpeditionen und beherbergt rund 400 Pflanzenarten aus Klimagebieten, mit warmen und trockenen Sommern und regenreichen Wintern – Mittelmeergebiet, Kalifornien, Chile, Südafrika, Neuseeland und Asien. In einem weiteren Gewächshaus gedeihen Pflanzen der südafrikanischen Kapregion (Heinrich-Heine-Universität Düsseldorf, Universitätsstraße 1, März/Okt. Mo–Fr 8–18, Sa 13–18, So 10–18 Uhr, Apr.–Sept. Mo–Fr 8–19, Sa 13–19, So 10–19 Uhr, Nov.–Feb. Mo–Do 8–16, Fr 8–14.30 Uhr).

Hochburg der Punkkultur. Eines der Epizentren der links-alternativen und teilweise auch radikalen Szene war die Kiefern- und Fichtenstraße, deren Häuser ab den 1980er-Jahren besetzt wurden. Im Punkklub AK 47 haben die Toten Hosen zu Beginn ihrer Karriere gespielt und viele andere Punkbands. Auch wenn all das lange her scheint, in den beiden Straßen hat sich etwas vom links-autonomen Selbstverständnis erhalten. Auf jeden Fall ist das Areal mit seinen bunt bemalten Häusern, dem Mix aus alt und neu, aus Gewerbe, Brachflächen und neuem Wohnungsbau ein sehr spannendes Gebiet.

DURCH DEN SÜDPARK In Oberbilk kreuzen wir noch einmal die Kölner Straße, die hier von einer türkisch südosteuropäischen Lebensweise geprägt wird. Hinter dem S-Bahnhof Oberbilk, den Sie auch als Startpunkt für diese Tour nehmen können, tauchen wir ein in den 70 Hektar großen

↓ Kreativ und voller Kontraste – Wandmalerei an der Erkrather Straße
↘ Malerische Kreuzung mit Kapelle in Hamm

Radeln, wo andere Urlaub machen – Blick auf den Rhein und die Josef-Kardinal-Frings-Brücke

Südpark. Die Ursprünge des Parks liegen im ausgehenden 19. Jahrhundert. Weite Teile der Anlage wurden für die Bundesgartenschau 1987 angelegt, aber auch danach wurde immer wieder mal umgebaut und saniert. Es ist schön, durch den größten Park der Stadt zu radeln, der, obwohl sehr beliebt, selten zu voll ist. Wenn Sie möchten, gleich kommen wir am Café Südpark vorbei, wo es eine schöne Außenterrasse gibt. Wer lieber etwas Obst, Getränke oder Kuchen für ein Picknick auf der Wiese einkaufen möchte, der Hofladen Südpark ist gut sortiert.

AM RHEIN Hören Sie es? Unter dem Radweg, der nun entlang des Uni-Campus führt, fahren die Autos auf der A 46. Davon ist in dem parkähnlichen Areal nichts zu spüren. Erst einige Kilometer später, die durch ein kleines Waldstück verlaufen, treffen wir wieder auf die Autobahn. Jetzt führt sie aber über unseren Köpfen und über die Fleher Brücke auf die andere Rheinseite zur A 57. Der Stress der Autobahnen und der Staus, die rund um Düsseldorf alltäglich sind, muss uns nicht stören. Hier am Deich von Volmerswerth scheint das Leben so entspannt, dass ein Fahrrad genau das richtige Verkehrsmittel ist. Links der Rhein, auf dem die Frachtschiffe sich langsam flussaufwärts kämpfen, rechts die Häuser des alten Stadtteils mit seinem dörflichen Charme – der Blick geht so weit, egal welches Wetter gerade ist: Wie am Meer, so ist auch hier immer eine besondere Lichtstimmung.

AM MEDIENHAFEN Vorbei an den Gartenbaubetrieben mit ihren akkuraten Feldern und dem Düsseldorfer Klärwerk, bleiben wir auch in Hamm immer nah am Wasser. Bald werden aus den Wiesen und Flutungsgebieten am Rhein sorgsam gepflegte Rasenflächen. Sie gehören zum öffentlichen Golfplatz Auf der Lausward. Besonders sonntagsmorgens ist auf der Anlage viel los und von der Driving Range, an der unser Weg direkt vorbeiführt,

Schön zum Spazierengehen – die Rheinwiesen bei Hamm

fliegen die Bälle im Sekundentakt auf das Übungsgelände. Der Medienhafen ist immer wieder eindrucksvoll – es ist einer dieser Orte, die bei jeder Lichtstimmung und Tageszeit ihren eigenen Reiz haben. Wie ein großes Ausrufezeichen neben der spannenden Medienhafen-Architektur erhebt sich der Rheinturm am Landtag bis auf 240 Meter Höhe.

UNTERBILK Die Lorettostraße im Stadtteil Unterbilk ist wirklich sehenswert, nein erlebenswert. Wie in der Ackerstraße in Flingern, sollte man sich ruhig etwas Zeit lassen und nicht einfach an den netten Läden und Lokalen vorbeirauschen. Das gilt natürlich auch für die Kö, die berühmteste Einkaufsmeile der Stadt, die wir von Süden aus auf unserem eigenen Radweg in Angriff nehmen. Unbeeindruckt vom Verkehr geht es danach über die Bismarckstraße zurück zum Hauptbahnhof.

INFO

AUSGANGS-/ ENDPUNKT
Hauptbahnhof Düsseldorf

HÖCHSTER PUNKT
46 m

TIEFSTER PUNKT
28 m

ANFAHRT
S1, S6, S7, S8, S11, S28, S68

PARKEN
Parkplatz Mitsubishi-Electric-Halle, Siegburger Str. 13

Leicht	24 km	80 Hm	1.50 Std.

CURRY

Als das Curry 1999 am damals neuen Medienhafen eröffnete, wurden gerade erst die Gehry-Bauten fertiggestellt. Pommes und Currywurst waren schon damals beliebt, aber eine Manta-Platte mit kulinarischem Anspruch? Mit dem Curry, das sich Deutschlands erstes Currywurst-Restaurant nennt, änderte sich das. Hausgemachte Krautsalate, Pommes aus frischen Kartoffeln und eine Wurst, deren Zutaten ebenso ein Sternekoch überwachte wie die Rezeptur der Currysaucen – das war neu. Die Fangemeinde wuchs schnell und ist noch immer groß. Besonders im Ursprungslokal in der Hammer Straße sitzt man von Frühjahr bis Herbst nett auf der Terrasse – mit bester Aussicht auf die Gehry-Bauten. Neben Currywurst sind mittlerweile auch die Burger im Curry sehr beliebt.

Hammer Straße 2, 40219 Düsseldorf,
Tel. 0211/303 28 57, www.curry-deutschland.de,
tgl. 11.30–21 Uhr

↑ Currywurst nach Rezept vom Sternekoch – das ist das Ursprungskonzept von Curry. → Mittlerweile zieht nicht nur die Currywurst die Fans an. ↓ Regelmäßig werden besondere Biere angeboten. ↓↘ So leer ist es draußen nur an kühlen Tagen.

Wo der Stinkesbach in den Rhein mündet, ragen große Felsbrocken aus dem Wasser. Hier liegt einer von mehreren schönen Stränden.

IM NORDEN

Grüne Hügel und sanfte Auen – bis zur Ruhr bleibt viel Platz für tolle Touren.

Einfach schön und das vor der Haustür – das Angerbachtal muss man erlebt haben.

3

DURCHS ANGERBACHTAL UND ÜBER DIE HÖHEN BIS METZKAUSEN UND ZURÜCK

Auf und ab mit Glücksgefühlen

Im Osten von Ratingen zeigt sich das Niederbergische Land von seiner schönsten Seite. Bauernhöfe wie aus dem Bilderbuch, ein altes Rittergut, ein wildromantisches Tal und weites Land warten auf der erlebnisreichen Tour.

DAS BAUCHGEFÜHL ENTSCHEIDET

Schönheit hat ihren Preis. Beim Radfahren bezahlt man ihn in Form von Anstiegen – mal kurz und knackig, dann wieder lang oder länger. Und immer ist man froh, wenn man oben ist und es wieder bergab geht. Von diesen Erlebnissen hat die Tour mit ihren insgesamt 330 Höhenmetern einiges zu bieten. Das nur als kleine Vorwarnung für alle, die ihr Rad mit reiner Muskelkraft bewegen und sich nicht elektrisch anschieben lassen. Bei dieser Tour müssen Sie sich entscheiden: Möchten Sie die Rast in der Auermühle nach etwa einer halben Stunde einlegen oder als Highlight gegen Ende des Ausflugs, also nach etwa eindreiviertel Stunden? Ich schlage die erste Variante vor. Die hat den Vorteil, dass wir von unserem Startpunkt, dem S-Bahnhof Ratingen Ost, einfach die Poststraße hinunterrollen können und schon landen wir im historischen Zentrum von Ratingen. Vormittags ist es hier schön lebendig.

Tipp

SIGHTSEEING IN RATINGEN

Die äußeren Bereiche von Ratingen sind nicht wirklich attraktiv. Umso erstaunlicher ist der Kontrast zum hübschen Ortskern. Dienstags, donnerstags und samstags ist der Marktplatz von den Ständen eines lebendigen Wochenmarkts belegt. Auch ein Blick in die Wasserburg Haus zum Haus ist ein Erlebnis. Der eigentliche Tipp ist aber das LVR-Industriemuseum Textilfabrik Cromford. Das liegt nicht nur schön in einem Landschaftspark nach englischem Vorbild. Es hat auch im Innern viel zu bieten: eine der ältesten Textilfabriken, das prachtvolle Interieur des Herrenhauses Cromford und immer wieder auch interessante Ausstellungen zu Textil- und Modewelten (Cromforder Allee 24, 40878 Ratingen, Di–Fr 10–17, Sa–So, Fei 11–18 Uhr).

↓ Das älteste Gebäude der Ratinger Altstadt (um 1490) und ein rustikales Lokal

↘ Marktplatz von Ratingen vor St. Peter und Paul

IN DIE ALTSTADT VON RATINGEN Über den gepflasterten Marktplatz darf man das Rad ruhig schieben. So bleibt Zeit, sich die alten Gebäude aus Naturstein anzuschauen, die sich um die katholische Kirche Sankt Peter und Paul gruppieren. Hier wäre auch die Gelegenheit, noch einen kurzen Kaffeestopp einzulegen.

Dienstags, donnerstags und samstags ist der Platz von den Ständen eines lebendigen Wochenmarkts belegt – auch sehenswert. Wir machen nur eine kleine Schleife über den Marktplatz, denn wir haben ja noch einiges vor. An der Nordseite der Hauptkirche biegen wir in die Grütstraße ab. Links erhebt sich die evangelische Stadtkirche, rechts liegt der ehemalige jüdische Friedhof.

ZUR ALTEN WASSERBURG Wir queren die große Ringstraße und rollen nochmal bergab und landen direkt vor der mittelalterlichen Wasserburg Haus zum Haus. Die ältesten Teile der Burg stammen aus dem 13. Jahrhundert. Damals wurde sie für das Adelsgeschlecht zum Haus errichtet – daher der ungewöhnliche Name. Entlang der Anger werden wir auf anderen Touren übrigens noch auf weitere historische Anlagen treffen. Im Mittelalter bildete die Anger die nördliche Grenze der Grafschaft von Berg. Mehrere Adelssitze und Wehrhöfe sicherten die Grenze.

Von den kriegerischen Zeiten ist heute nichts mehr zu spüren. Im Gegenteil, ganz idyllisch und friedlich wirkt die Grünanlage, durch die der Weg nun führt. Rechter Hand steht ein Stück deutscher Industriekultur. Im heutigen LVR-Industriemuseum Textilfabrik Cromford ratterte im ausgehenden 18. Jahrhundert die erste vollmechanische Baumwollspinnerei auf dem europäischen Kontinent.

Etwas Arbeit wartet auch auf uns. Gleich hinter dem Märchenzoo Ratingen geht es den Hölenderweg bergauf. Keine Sorge, schon nach einem kurzen Stück auf dem alten Hohl-

Wie aus Grimms Märchen – die Wasserburg Haus zum Haus

↑ Im Angerbachtal
↗ Am Angerbach beim Museum Textilfabrik Cromford

weg biegt rechts ein Schotterweg ab. Den nehmen wir und rollen vorsichtig bergab durch den Wald. Und da ist sie auch schon, die **Auermühle**, unser Gastrotipp für diese Tour.

EIN TAL WIE AUS DEM BILDERBUCH Der Weg, der talaufwärts rechts der Anger verläuft, ist breiter und für Fahrräder besser geeignet. Also nehmen wir diese Seite und genießen die wunderbaren Ausblicke, die sich immer wieder im Angerbachtal öffnen. Mal rauscht der Bach direkt am Weg entlang, mal verschwindet er in einer Schlinge unter dichtem Gehölz. Kurz hinter der Auermühle grast ein Betonpferd an einer malerischen Biegung. Das Kunstwerk ist von Johannes Brus und passt so gut in die Szenerie, dass man schon zweimal hinschauen muss. Bald wird das Rauschen etwas lauter im Tal. Das liegt aber nicht an der Anger, sondern am Strom der Fahrzeuge, die über die Autobahnbrücke donnern, die in einem beeindruckenden Viadukt über das Tal führt. Wenn sich dazwischen ein lautes Signalhorn mischt, stammt es vermutlich von der Angertalbahn. Auf der eingleisigen Strecke verkehrt ein Güterzug, der aus den Steinbrüchen bei Wülfrath Kalk nach Ratingen transportiert.

DER MANN IM HIRSCHGEWEIH Beim Parkplatz Steinkothen, bei dem Autofahrer alternativ in die Tour einsteigen können, wechseln wir die Seite. Ich verspreche, es wird noch schöner. Das fängt schon mit dem Kunstwerk an, das auf der Anhöhe beim Parkplatz thront. Die Bronzeskulptur Mann im Hirschgeweih hat der Künstler Stephan Balkenhol entworfen. Erst fließt der Bach unter einer kleinen Steinbrücke hindurch, dann schwingt er durchs Tal und kommt so nah an den Weg, dass man kurz anhalten und mit den Füßen ins kühle Wasser steigen kann. Bald führt der Weg an alten Kopfweiden vorbei, dann unterquert er die neue Brücke der A 44.

Wenn wir bis hierher öfters auf die Spaziergänger Rücksicht nehmen mussten, ist der Weg von nun an eher Rad- als Wanderweg. Das sieht man schon daran, dass die Piste asphaltiert ist und in einzelnen Abschnitten auch Autos darauf fahren dürfen – damit die Anwohner zu ihren Häusern kommen.
Hier im oberen Teil der Angertals oder Angerbachtals – es finden sich beide Schreibweisen – ändert sich etwas der Charakter. Die Landschaft wirkt etwas offener und grüner. Wir passieren auf einem geschwungen Weg schöne Bauernhöfe mit Fachwerkgebäuden und fast könnte man sich vorstellen, man wäre im Schwarzwald oder in den Voralpen.

ÜBER DIE FELDER Die Chance, die Kalkbahn nicht nur zu hören, sondern auch zu sehen, ist in Flandersbach groß. Hier am Bahnhof gibt es ein Ausweichgleis, wo der Zug den Gegenverkehr abwartet. Beim Bahnhof verlassen wir auch das schöne Tal und kämpfen uns ein steiles Stück nach Zwingenberg hinauf. Jetzt wird die Tour komplett anders. Auf asphaltierten landwirtschaftlichen Wegen cruisen wir durch das offene Land. Immer wieder geht der Blick weit über die Felder.
Es ist hügelig, aber nicht allzu bergig. Metzkausen, ein Stadtteil vom Mettmann, der vor allem in den 1950er-Jahren gewachsen ist, liegt auf der Strecke. Wir fahren aber nur ein kleines Stück durch den Ort, denn gleich geht es wieder über die Felder. Dann ein kurzes Stück an der Ratinger Landstraße vorbei und ein kurzes Stück parallel zur A 3. Zum Abschluss unserer Tour bietet das Schwarzbachtal wieder Idylle pur: Ein schmales Sträßchen führt leicht bergab durch das stille Tal, in dem einige Glückliche ihr Zuhause haben. Dann kommt auch schon das Ortsschild von Ratingen und nach einem kurzen Stück durch ein modernes Büroviertel endet die Tour wieder am S-Bahnhof Ratingen-Ost.

INFO

AUSGANGS-/ ENDPUNKT
Bahnhof Ratingen-Ost

HÖCHSTER PUNKT
170 m

TIEFSTER PUNKT
50 m

ANFAHRT
S6

PARKEN
Bahnhof Ratingen-Ost

Mittel	34 km	330 Hm	2.20 Std.

↑ Herrlich gelegen – die Auermühle im Angerbachtal
↘ Perfekt für einen leichten Lunch ↓↘ Die Außenterrasse der Auermühle

LIEBEVOLL! IN DER AUERMÜHLE

Das Ausflugslokal liegt im schönen Angerbachtal, nicht weit von Ratingen entfernt. Die frische, saisonale Küche überzeugt mit Köstlichkeiten wie Tafelspitz mit Meerrettich-Espuma oder Chicorée-Orangen-Walnusssalat. Die Speisen sind nicht ganz günstig, aber ihren Preis wert. Innen sitzt man rustikal-elegant, an kühleren Tagen prasselt ein gemütliches Kaminfeuer. Die Außenterrasse ist groß genug, damit die immer zahlreichen Gäste Platz finden. Dort kann man sich an der Pizza- und Grillstation ebenso selbst bedienen wie am Kuchen- und Waffelstand. Ganz wichtig für Familien: Zur Auermühle gehört auch ein großer Spielplatz.

Auermühle 1, 40882 Ratingen,
Tel. 02102/89 29 80, www.liebevoll.de,
tgl. 10–24 Uhr

ÜBER DEN PANORAMARADWEG NIEDERBERGBAHN AN DIE RUHR

Treffpunkt am See

Diese Tour führt bis vor die Tore von Essen. Aber erst einmal lockt eine ehemalige Bahntrasse mit gutem Asphalt und weiten Aussichten. Danach zeigen sich der Baldeneysee und die Ruhr von ihrer schönsten Seite.

4

Über mehrere Brücken führt der PanoramaRadweg Niederbergbahn.

Ihr verdankt die Landeshauptstadt ihren Namen – die Düssel im Neandertal.

AM ANFANG EIN VIADUKT Die schlechte Nachricht zuerst? Na gut – wenige Kilometer nach dem Start vom Bahnhof Kettwig Stausee, den man bequem mit der S 6 von Düsseldorf aus erreicht, geht es steil bergauf. Mit steil meine ich so steil, dass es keine Schande ist, abzusteigen und zu schieben. Und jetzt kommt auch schon die gute Nachricht:
Das Stück ist sehr kurz, vielleicht 200 oder 300 Meter und führt direkt auf eine ehemalige Bahntrasse, den PanoramaRadweg Niederbergbahn. Dass der bei Radlerinnen und Radlern aus dem Ruhrgebiet ebenso beliebt ist wie bei denen aus Düsseldorf und Umgebung, versteht man schon nach wenigen Metern. Kaum sind wir auf der Trasse, führt sie auch schon über eine hohe Bogenbrücke, die in einer leichten Kurve ins Grün des Niederbergischen Lands verschwindet.
Das Angenehme an der 2011 eröffneten Trasse ist, dass einem das Auf und Ab des Neanderlands – so heißt die Region in Tourismusagentur-Sprache – ziemlich egal sein kann. Denn die nächsten zwölf Kilometer gehen zwar stetig bergauf, aber damit die Bahn Personen und Güter einst problemlos transportieren konnte, durfte die Steigung nur gering sein.

ÜBER EINE WAGGONBRÜCKE Die Niederbergbahn wurde in den 20er-Jahren des letzten Jahrhunderts gebaut. Wirklich rentabel war die Strecke zwischen Oberdüssel und Essen-Kettwig nie. Deshalb wurde bereits 1960 der Personenzugverkehr eingestellt und 1996 auch der Güterverkehr. Weite Teile der ehemaligen Trasse fielen in einen Dornröschenschlaf, bis durch ein Förderprogramm des Landes Nordrhein-Westfalen ein attraktiver, über 40 Kilometer langer Rad- und Wanderweg daraus entstand. Seit 2011 radeln begeisterte Radfahrer dort, wo einst Züge fuhren. Mit Blick über das idyllische Vogelsangbachtal ist Heiligenhaus schnell erreicht. Ohne

Tipp

ÜBER EHEMALIGE BAHNTRASSEN BIS SOLINGEN

Der PanoramaRadweg Niederbergbahn führt von Essen-Kettwig bis Haan. Das sind insgesamt knapp 40 Kilometer. In Haan muss aber nicht Schluss sein, denn hier kann man auf die Korkenziehertrasse wechseln. Diese ehemalige Bahntrasse verdankt ihren Namen den vielen Schleifen, mit denen sie sich bis zum Bahnhof Solingen-Grünewald windet. Die beiden Strecken sind Teil des Netzes der Bergischen Panorama-Radwege, die sich auf insgesamt 220 Kilometern durch das Bergische Land ziehen und eine tolle Möglichkeit für weitere Touren sind. Informationen zu den Panoramawegen, Tourentipps und Downloads finden sich auf www.einfach-bergisch-radeln.de.

Ampeln oder Autoverkehr radeln wir auf unserer ehemaligen Bahntrasse durch Heiligenhaus. Passen Sie auf die Brücken auf, denn eine davon ist ein ehemaliger Eisenbahnwaggon (am Zugangspunkt 77).

DURCH VELBERT Dass man sich schon bald in Velbert befindet, bekommt man kaum mit. Die Kleinstädte gehen praktisch ineinander über, zumindest aus dem Blickwinkel der Trasse. Die unterschiedlichen Brücken und Ausblicke sind echte Highlights dieser Strecke. Das Viadukt Saubrücke am Zugang 67 ist so eines. Fast noch schöner als der Blick von oben ist der Anblick von unten auf das steinerne Monument. Mein persönliches Brückenhighlight kommt gleich hinter dem Viadukt. Hier führt die Strecke wie eine Hochbahn zwischen den beziehungsweise über die Häuser.
Wenn wir an einem großen OBI-Baumarkt vorbeikommen, wird es Zeit, die schöne Trasse zu verlassen. Aber keine Sorge, was jetzt folgt, ist mindestens genauso spektakulär, nur eben anders. Jetzt sollte man genau auf sein Navi oder das Smartphone schauen, denn den Abzweig auf den Zechenweg übersieht man schnell.

↓ Bahnbrücke bei Kettwig

↘ Alt und beeindruckend – die Abteikirche St. Ludgerus in Essen-Werden

Segeln, rudern oder einfach entlangradeln – am Baldeneysee gibt es immer was zu sehen.

ROMANTISCHES TAL Und jetzt, was für ein großartiges Sträßchen. Schmal und praktisch autofrei führt es in Serpentinen durch ein schmales schönes Tal. Man fühlt sich wie in einer weitaus gebirgigeren Region. Im Dörfchen Hefel müssen wir auf die Landstraße wechseln. Aber auch diese Strecke ist schön, und das Gute ist, sie führt immer leicht bergab, sodass man gut Geschwindigkeit machen kann. Und so sausen wir durchs Hespertal und lassen uns von überambitionierten Motorradfahrern nicht stören. Man kann es sich kaum vorstellen, dass dieses grüne, natürlich wirkende Tal mal eine Industrieregion war.

HAUS SCHEPPEN Die Motorradfahrer, die vorhin durchs Hespertal gesaust sind, haben ihre Maschinen womöglich schon bei unserem nächsten Stopp abgestellt, beim Haus Scheppen. Die Ruine dieses ehemals adligen Landsitzes ist von Wassergräben umgeben, die heute auch ein kleiner Sporthafen sind. Außerdem gibt es einen Bootsanleger für die Ausflugsdampfer der Weißen Flotte Baldeney, die über den gleichnamigen See schippert.
Nach der Rast radeln wir entspannt am Baldeneysee entlang. Die Straße ist in den meisten Abschnitten autofrei und führt nah und knapp über dem Wasser am See entlang. Es ist ein Vergnügen. Wer sich mehr Restaurant als Imbiss auf der Tour wünscht, kann die Rast von **Haus Scheppen** auch ins Haus am See verlegen. Das neue Lokal ist in einem alten Fachwerkbau untergebracht und davor ist eine weite Fläche mit diversen Sitzgelegenheiten, von wo aus man das Treiben am See

beobachten kann. Meist sind einige Segelboote auf dem Wasser, das von einer mächtigen Wehranlage aus den 1930er-Jahren aufgestaut und zur Stromerzeugung genutzt wird.

ÄLTESTE PFARRKIRCHE NÖRDLICH DER ALPEN Kurz dahinter erreichen wir auch schon Essen-Werden. Das schöne historische Städtchen geht auf ein Kloster zurück, das hier Ende des 8. Jahrhunderts gegründet wurde. Fast so alt ist die wuchtige kleine Kirche, an der wir vorbeikommen. St. Lucius gehörte zu einem Benediktinerkloster und wurde im Jahr 1063 geweiht. Eine Tafel erklärt sie zur ältesten Pfarrkirche nördlich der Alpen. Die eigentliche Abteikirche St. Ludgerus ist noch beeindruckender. Sie wurde in ihrer heutigen Form 1275 geweiht und ist eine der schönsten spätromanischen Kirchen des Rheinlands.

KETTWIGS MALERISCHE ALTSTADT In Werden wechseln wir auch die Flussseite. Das heißt, wir folgen weiterhin dem Ruhrtal-Radweg, auf dem wir uns seit Haus Scheppen befinden. Nah am Fluss, der hier besonders schön ist, kommen wir an zwei Campingplätzen vorbei. Spätestens an der alten Eisenbrücke kommt Kettwig mit seiner verwinkelten Altstadt in den Blick. Die schauen wir uns noch an. Vielleicht noch ein kurzer Halt im netten Lavendel im Brückencafé (siehe Tour 8)? Denn hinter dem Schleusenwehr, das uns wieder über die Ruhr führt, ist es nicht mehr weit bis zum S-Bahnhof Kettwig Stausee, unserem Ausgangspunkt.

INFO

AUSGANGS-/ ENDPUNKT
Bahnhof Kettwig Stausee

HÖCHSTER PUNKT
250 m

TIEFSTER PUNKT
40 m

ANFAHRT
S6

PARKEN
P+R Kettwig Bahnhof, Ruhrtalstraße 326; Essen-Kettwig Stausee, Werdener Straße

Mittel	33 km	350 Hm	2.10 Std.

↑ An schönen Tagen ist hier alles voller Motorräder. ↓ Mittlerweile haben auch die Radler Haus Scheppen für sich entdeckt. ↓↘ Currywurst und Kuchen vom Blech – »wat willste mehr«?

HAUS SCHEPPEN

An sonnigen Sonntagen kann es am Haus Scheppen in Fischlaken schon mal eng werden. Dann funkeln hunderte Motorräder um die Wette. Der Bikertreff ist aber auch bei Fahrradfahrern sehr beliebt. Da es immer mehr Radfahrer und Radfahrerinnen gibt und die Zahl der motorisierten Biker abnimmt, ändert sich langsam das Verhältnis. Wie auch immer, am Haus Scheppen kommt man schnell mit den einen oder anderen ins Gespräch – hier herrscht lockere Ruhrpott-Stimmung. Zwei Kioske versorgen die Ausflügler mit Currywurst mit Pommes rot-weiß, Schnitzel, Schaschlik und ähnlich Rustikalem – und natürlich mit Kaffee und Kuchen.

Adrian Trinkhalle und Lieblingsbude, Hardenbergufer 381, 45239 Essen, Tel. 0201/40 50 59, tgl. 8–22 Uhr

Immer am Rhein entlang – zwischen Kaiserswerth und Wittlaer

5

ZWISCHEN KAISERSWERTH UND RHEINHAFEN KREFELD

Im Norden der Rhein

Die Flusslandschaft im Norden von Düsseldorf ist weit und flach. Ein Großteil der Tour führt auf den Deichen links und rechts des Rheins entlang. Bei Krefeld und Duisburg kommen Industrien in den Blick, während Kaiserswerth mit seiner malerischen Altstadt lockt.

START IN ANGERMUND Am Bahnhof von Angermund hält die S 1, die die weite Strecke von Solingen Hauptbahnhof bis Dortmund Hauptbahnhof abfährt. Am Wochenende schrumpft die Strecke etwas und die Bahn endet im Süden am Düsseldorfer Hauptbahnhof. Die S-Bahn ist zwar nicht sehr pünktlich, aber da sie alle 20 Minuten verkehrt, ist es auch nicht ganz so schlimm. Wer mit dem Auto ab Angermund starten möchte, am Bahnhof gibt es einige Parkplätze. Oder man steigt an einem anderen Punkt der Route ein, zum Beispiel in Kaiserswerth.

Angermund im Norden von Düsseldorf ist ein beschaulicher und schöner Stadtteil, wobei man nicht das Gefühl hat, in einem Stadtteil von Düsseldorf zu sein, sondern in einem eigenständigen Dorf oder einer Kleinstadt. Die letzten Häuser im Westen haben wir schnell erreicht. Auf der Heltorfer Schlossallee können wir uns überlegen, ob wir die Tour etwas erweitern und einen Abstecher zum Wasserschloss Heltorf machen (siehe Tour 6). Am westlichen Eingang des Schlossparks kommen wir vorbei, nachdem wir eine Plantage mit Rosenstöcken passiert haben. Der Park ist wirklich sehenswert, vor allem im Frühling, wenn dort Rhododendren und Tulpenbäume blühen.

ZWISCHEN DUISBURG UND DÜSSELDORF
Über das flache Land radeln wir immer Richtung Westen und Rhein. Hier bläst der Wind häufig aus westlicher Richtung. In der Wohnsiedlung von Wittlaer, wo man einige prachtvolle Villen bestaunen kann, wird der Wind dann etwas abgehalten. Am nördlichen Ende von Wittlaer verlassen wir das Stadtgebiet von Düsseldorf und kommen an den Rhein, der hier schon zu Duisburg gehört. Bei vielen Radlern beliebt ist das Aschlöksken, ein einfaches Lokal, wo man sich mit einem Bier auf einen Plastikstuhl an den Radweg setzen und auf den Rhein schauen kann.

Macht was her – Schloss Kalkum ist von Wasser und einem Park umgeben.

Tipp

STILLE STRÄNDE

Wenn Sie kein Problem mit holprigen Pfaden haben, ist es eine schöne Alternative, den Radweg auf der Deichkrone bei Nierst zu verlassen und weiter unten entlang des Rheinufers zu fahren. Der Weg ist kaum mehr als ein Single Trail und auch nur zu empfehlen, wenn der Boden trocken ist. Doch dann ist es hier wunderschön. Es gibt nur wenige Stellen am Rhein im Umkreis von Düsseldorf, wo man noch so schöne und ruhige Strände findet – perfekt für eine Rast. Auf dem Pfad kann man dann weiter nach Süden fahren, wo er kurz vor dem Campingplatz Langst-Kierst wieder auf den Radweg auf dem Deich führt.

Muss aber auch nicht sein, denn in einer Viertelstunde erreichen wir unser Gastroziel. Aber erst einmal fahren wir über einen neuen Deichweg, der mit seinen kleinen Steinchen sehr gut zu befahren ist. Außerdem gibt es einiges zu sehen. Das Panorama aus weiten Feldern, dem Fluss und den Schiffen, den Hafenanlagen von Krefeld und den Stahlwerken von Duisburg ist beeindruckend.

INDUSTRIEKULISSE An den Rauchsäulen und Dampfwolken, die immer wieder aufsteigen, sieht man, dass das Ruhrgebiet doch noch ein echter Industriestandort ist. Duisburg hat nicht nur den größten Binnenhafen Europas, es ist auch der größte Stahlstandort des Kontinents, jedenfalls nach eigenen Angaben. Aber dahin wollen wir gar nicht. Wir radeln durch die Felder, die im Frühjahr

Blick von der Rheinbrücke Krefeld-Uerdingen in den Krefelder Hafen

Einer von vielen – der Rheinstrand bei Wittlaer

grellgelb vom Raps leuchten, und nähern uns dem dörflichen Mündelheim. In dem ehemaligen Fischerort liegt das schöne **Bauerncafé Ellerhof**, der Lokaltipp dieser Tour. Wir kommen direkt daran vorbei.
Die große und betagte Eisenbrücke, die sich über den Rhein spannt, werden wir gleich überqueren. Mit dem Fahrrad ist das Erlebnis viel intensiver als mit dem Auto. Die Rheinbrücke Krefeld-Uerdingen ist ein stählernes Monument, das Mündelheim mit Uerdingen verbindet. Dort befindet sich der Chempark, ein Areal mit rund 40 Betrieben der Chemieindustrie und in dem rund 8000 Menschen arbeiten. Südlich der Brücke sieht man den Krefelder Rheinhafen, an dem rund 50 000 Container pro Jahr bewegt werden. Kurz bevor wir den Containerhafen erreichen, überqueren wir das Hafenbecken auf einer alten Eisenbrücke. Die Drehbrücke Linn ist ein echtes Schmuckstück. 1905 wurde sie im Jugendstil erbaut und wie damals kann sie auf dem Mittelpfeiler gedreht werden, damit große Schiffe in das Hafenbecken einfahren können.

NATURSCHUTZGEBIET SPEY Wie nah am Rhein Industrie und Natur liegen, ist jetzt wieder zu erleben. Hinter dem Containerhafen liegen rechts der Fahrbahn Recyclingbetriebe, ein Kalksandsteinwerk, ein Chemieunternehmen und andere Firmen, während links der Straße das Naturschutzgebiet Spey Wasser- und Wiesenvögeln ein Lebensraum ist.
Bald verlassen wir die Straße und können autofrei auf der Deichkrone fahren und dabei in das Deichvorland in Richtung Rhein schauen und in das Ackerland auf der anderen Seite, in Richtung Nierst. An diesem Rheinabschnitt ist auf dem Rheinradweg meist weniger los. Das ändert sich erst in Langst-Kierst, wo wir mit der Rheinfähre nach Kaiserswerth übersetzen. 2,50 Euro kostet die Überfahrt mit der Fähre Michaela II für eine Person plus Fahrrad.

MIT DER FÄHRE ÜBER DEN RHEIN Während der Überfahrt kann man sich schon auf Kaiserswerth einstimmen, dessen Kaiserpfalz sich dunkel am Ufer erhebt. Drüben

Ist noch neu – der Deichradweg zwischen Wittlaer und Mündelheim

angekommen, fahren wir an dem alten Gemäuer vorbei – es war einer der Paläste von Kaiser Friedrich I., genannt Barbarossa, und ist schon seit über 300 Jahren eine Ruine. Noch intakt und fast genauso alt wie die Kaiserpfalz ist die schöne Basilika St. Suitbertus.

Die ist ebenso sehenswert wie das historische Zentrum von Kaiserswerth. Etwas Zeit sollte man aber noch für Kalkum einplanen. Nicht nur, dass der alte und dörfliche Stadtteil von Düsseldorf viele schöne Ecken hat, es ist vor allem die prachtvolle Wasserburg mit Parkanlage, an der unsere Route vorbeiführt und an der man unmöglich einfach vorbeiradeln kann. Das letzte Stück der Tour führt nun durch das flache Land, vorbei an Feldern und Weihern zurück nach Angermund, wo die S 1 entweder pünktlich wartet oder in Kürze kommt.

INFO

AUSGANGS-/ ENDPUNKT
Bahnhof Angermund

HÖCHSTER PUNKT
41 m

TIEFSTER PUNKT
25 m

ANFAHRT
S1

PARKEN
S-Bahnhof Angermund, An den Linden 16
Parkplatz Kaiserpfalz am Rhein, Kaiserswerth, An St. Swidbert 100

Leicht | **29 km** | **50 Hm** | **2.10 Std.**

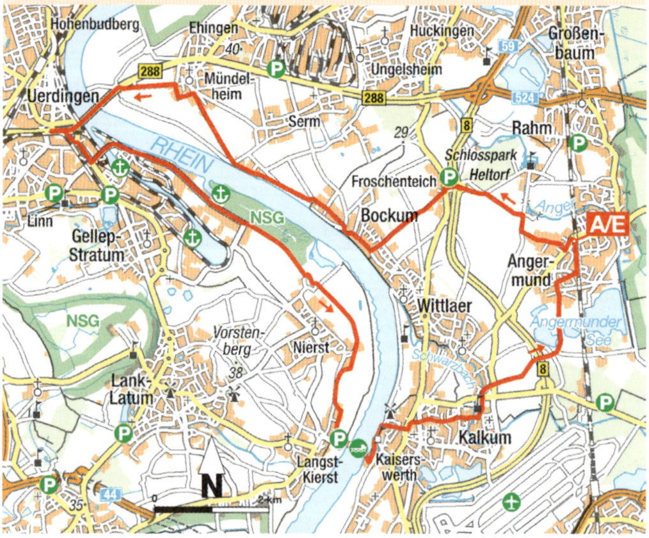

↑↗ Drinnen oder draußen – im Ellerhof kann man sich wohlfühlen. ↓ Zugreifen? Unbedingt!
↘ Bereits das Entrée ist einladend. ↓↘ Brötchen fürs Frühstück kommen aus der eigenen Backstube.

BAUERNCAFÉ ELLERHOF

An Wochenenden, wenn das Bauerncafé geöffnet ist, hält man fast automatisch an, so nett sieht das Café im historischen Hof aus. Der geht tatsächlich bis auf das 14. Jahrhundert zurück. Entlang des Rheinbogens von der Uerdinger Rheinbrücke bis nach Angermund werden Spargel, Zuckerrüben, Raps, Dinkel, Weizen, Gerste, Mais, Buschbohnen, Spinat, Mangold und Petersilie angebaut. Im charmanten Innenraum oder dem liebevoll angelegten Garten freuen sich die Gäste auf selbst gebackene Kuchen und Torten. Auch beliebt: Frühstück im Ellerhof mit Stuten, Milchbrötchen und Körnerbrötchen aus der eigener Backstube.

Rheinfeldsweg 18, 47259 Duisburg,
Tel. 0211/759 98 58,
www.bauerncafe-ellerhof.de,
Sa–So, Fei 9.30–18 Uhr

SCHLÖSSER, PARKS UND EIN MAJESTÄTISCHER RHEIN

Im weiten Bogen um den Flughafen

Vom Flughafen Düsseldorf führt die Tour durch den Stadtwald in den Norden. Ein Herrenhaus und zwei Schlösser samt Parkanlagen gibt es zu entdecken, das schöne Kaiserswerth und viel ländlichen Charme mit etwas Stahlindustrie im Hintergrund.

Eine der schönsten und beliebtesten Strecken – der Rhein-Radweg zwischen Düsseldorf und Kaiserswerth

6

Schloss Heltorf – den prächtigen Park können Sie besuchen.

BEREIT FÜR DEN ABFLUG Vielleicht haben Sie in der S-Bahn eben noch neben Reisenden gesessen, die sich auf den Weg in ferne Urlaubsregionen machen, während Sie den Norden von Düsseldorf erkunden werden. Wenn Sie hier noch nicht waren, kann ich versprechen, dass Sie sich wundern werden, wie grün und verwunschen, wie abwechslungsreich ist, was Sie gleich erfahren werden. Manchmal muss man gar nicht weit fahren, um etwas Neues zu entdecken.
Auf jeden Fall ist es ein spezielles Gefühl, am Bahnhof Düsseldorf-Flughafen mit einem Fahrrad auszusteigen, über das Laufband erst hoch- und dann am äußersten Gleis wieder hinunterzufahren. Und dann nach der Lücke im Zaun zu suchen, wo ganz offiziell ein Schotterweg ins Grün führt.

AM ZAUN DER FLIGHTSPOTTER Das heißt, erst einmal führt die Piste mit angenehm feinem Schotter entlang des Sicherheitszauns des Flughafens. Hier postieren sich regelmäßig Flightspotter, die die Flugzeuge fotografieren, die je nach Windrichtung hier landen oder starten. Auch wenn den meisten Menschen Fluglärm unangenehm ist, wenn eine große Maschine hier abhebt oder landet und das mit einem wahnsinnigen Getöse, ist das auch faszinierend. Kinder werden vermutlich mit offenen Augen und Mund staunen und sich noch mehr über die beiden Spielplätze freuen, die entlang der Strecke nach Angermund liegen. Radelnde Familien werden auch kaum an den Erlebnisstationen des Waldlehrpfads vorbeikommen, die am Wegrand aufgestellt sind.
Das Gezwitscher im Stadtwald kann wirklich beeindrucken. Müssen sich die Tiere gegenüber den lärmenden Fluggeräten behaupten oder tun sie so, als störte sie der Lärm der Flugzeuge nicht? Der Wald wirkt trotz der Lärm- und Abgasbelastung dicht und ge-

Tipp

LANTZ'SCHER PARK

Der Park im englischen Stil ist trotz seiner Nähe zur Autobahn A 44 eine stille Idylle. Alfred Schmela, der in der Nachkriegszeit einer der bedeutendsten Galeristen war und unter anderem Josef Beuys ausstellte, machte aus dem grünen Refugium in Lohhausen in den 1970er-Jahren einen Skulpturenpark. Seit 2020 lebt diese Tradition wieder auf. Unter der Regie der Kunsthalle Düsseldorf wurden zunächst Skulpturen u. a. von Rita McBride, Bogomir Ecker, Martin Pfeifle gezeigt sowie Performances mit Tanz und Theater. Das Projekt kam so gut an, dass es seitdem Jahr für Jahr fortgeführt wird. Es lohnt sich also, langsam durch den schönen Park zu fahren – oder zu gehen – und zu schauen, was da unter den Bäumen und auf den Rasenflächen so steht, liegt oder passiert.

Nah am Wasser verläuft der Radweg bei Wittlaer

sund – aber das kann natürlich auch täuschen. Nach einigen Kilometern auf Asphalt wird der Weg schmaler und führt am Angerbach entlang. Bald führt die Strecke über eine kleine Brücke über den Bach und wer möchte, legt eine Rast am Angermunder See ein. Baden ist leider verboten, was jedoch nicht jeden davon abhält, sich an heißen Tagen abzukühlen.

SCHLOSS HELTORF Vorbei an Pferdekoppeln führt die Strecke nun durch Angermund, an dessen Bahnhof man die Tour ebenfalls beginnen könnte. Wir schauen uns aus der Entfernung Burg Angermund an. Die Ursprünge der Anlage gehen bis aufs frühe Mittelalter zurück, seit rund 50 Jahren ist Burg eine Wohnanlage. Wir durchqueren den 7000-Einwohner-Ort in Richtung Westen und biegen bald in die Heltorfer Schlossallee ein. Einige dieser Einwohner bewohnen eine buchstäblich gräfliche Residenz, das Schloss Heltorf. Die Allee zum Wasser umwehrten Schlosskomplex ist wirklich eindrucksvoll. Ebenso das Schloss, das aus einer barocken Vorburg und einem klassizistischen Herrenhaus besteht, die aber leider nicht zu besichtigen sind. Der englische Landschaftsgarten ist dagegen für Besucher geöffnet. Der Zugang (zuletzt 3 Euro Eintritt) befindet sich an der Straße Am Froschenteich, auf die wir kommen, nachdem wir eine Rosenplantage und eine Weihnachtsbaumplantage passiert haben.

Mittlerweile bewegen wir uns in einem Gebiet, wo der Kontrast zwischen Industrie und Land kaum größer sein könnte. Da sind die Autobahnen A 59 und A 524, in Sichtweite ragen die Schlote und Industrieanlagen von Thyssenkrupp Steel Europe auf – und gleichzeitig fahren wir auf romantischen Landwegen an einer hübschen Kapelle vorbei, der Hubertuskapelle und an einem alten Rittersitz aus dem Mittelalter.

Der herrschaftliche Park von Schloss Heltorf

Die Rede ist vom Sonnenhof, der heute als Reitstall genutzt wird.

AM BREITEN STROM Kurz darauf radeln wir ganz nah an der A 524 vorbei und fahren dann durch ein schönes ländliches Gebiet im Süden von Duisburg auf den Rhein zu. Auf einem neu angelegten Radweg auf dem Deich, mit Blick auf das Naturschutzgebiet Spey auf der anderen Rheinseite, ist es ein Vergnügen, hier zu fahren. Nach einer Rechts-links-Kurve führt der Weg ganz nah an den Fluss heran. In der Kurve sitzen höchstwahrscheinlich einige Radlerinnen und Radler, die das Panorama am großen Fluss genießen und sich aus der Gartenwirtschaft Schwenke, genannt das Aschlöksken, mit einem Getränk versorgt haben.
Auf dem Rheinuferweg unterhalb von Wittlaer wirkt der Rhein geradezu majestätisch. Breit und unaufhaltsam bahnt er sich seinen Weg zum Meer. Egal ob es regnet oder die Sonne scheint, ob es früh am Morgen oder am Abend ist, oft zaubern das Licht und die Wasseroberfläche eine ergreifende Stimmung. An der Mündung des Schwarzbachs, wo sich auch ein schöner Strand für eine Rast anbietet, biegt der Weg rechts ab in Richtung Kaiserswerth. Wir aber fahren geradeaus und dann links durch den alten Dorfkern von Wittlaer.

URIGES WITTLAER Wer dem Charme authentischer Dorfgasthäuser nicht widerstehen kann, sollte einen Blick in Brands Jupp werfen. Daran kommen wir ebenso vorbei wie an der romanischen Kirche St. Remigius, die sich seit über 600 Jahren behauptet. Zu unserer Rast im **Landhaus Freemann** ist es jetzt nicht mehr weit.
Wer nach dem Essen lieber ein paar Schritte geht, als im Sattel zu sitzen, hat jetzt die Gelegenheit dazu. Auf der anderen Straßenseite des Freemann liegt das Schloss Kalkum mit seiner schönen Parkanlage. Von hier aus kann man die klassizistische Schlossanlage

aus allen Winkeln betrachten oder fotografieren, wenn man mag. Die Sightseeingtour geht nahtlos weiter. Nur wenige Straßen weiter erreichen wir den historischen Ortskern von Kaiserswerth. Die St.-Suitbertus-Basilika ist ebenso ein Highlight wie die ehemalige Kaiserpfalz am Rhein, die wir auf einem schmalen Radweg am Rhein umkurven.

KUNST IM PARK Der Radweg auf dem Lohauser Deich ist wahrscheinlich einer der beliebtesten des Stadtgebiets. Wir fahren aber nur bis zur Flughafenbrücke auf ihm und biegen dann scharf links ab. Denn anders als der Deich dürfte der Lantz'sche Park, durch den wir jetzt fahren, für viele noch eine Entdeckung sein. Kunstinteressierte kennen natürlich den englischen Landschaftspark, der auf ein ehemaliges Rittergut zurückgeht und in dem allerlei Kunst zu entdecken ist.
Die Schlussetappe ist ein wirres Durcheinander aus breiten Straßen, die mal neben und mal unter dem Radweg verlaufen, dem Durcheinander des Flughafenareals und der glücklichen Ankunft am Bahnhof Düsseldorf Flughafen, wo wir wieder in der S 1 landen.

INFO

AUSGANGS-/ ENDPUNKT
Bahnhof Düsseldorf-Flughafen

HÖCHSTER PUNKT
47 m

TIEFSTER PUNKT
28 m

ANFAHRT
S1

PARKEN
S-Bahnhof Angermund, An den Linden 16; Parkplatz Kaiserpfalz am Rhein, Kaiserswerth, An St. Swidbert 100

Mittel	37 km	110 Hm	2.45 Std.

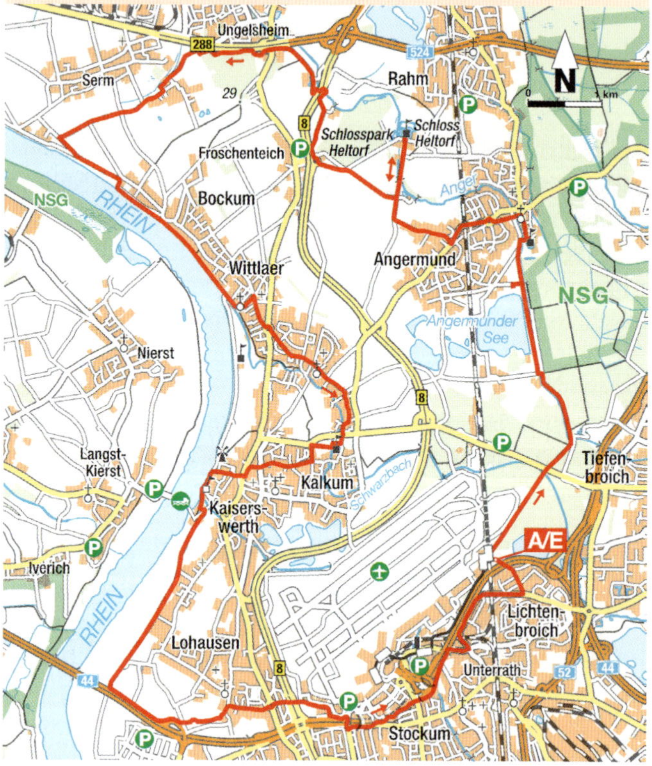

LANDHAUS FREEMANN

Gleich gegenüber dem Schloss Kalkum liegt das Landhaus Freemann verkehrsgünstig an einer Kreuzung. Vom Verkehr, der ohnehin nicht sehr stark ist, hört man im Biergarten nichts mehr. Dort sitzt man unter Bäumen, genießt die gehobene Küche und lässt es sich gut gehen. Selbst gemachte Pasta mit einer sämigen Arrabiata-Sauce, Linsencurry, Kabeljau mit Linsen und Orangenbutter – die Karte ist vielseitig und international. Gut möglich, dass man sich das Lokal an einem Samstag mit einer feiernden Hochzeitsgesellschaft teilt. Auch gut: Am Eingang wartet auf Radler in Not auch eine Ladestation für den Akku und ein Automat mit neuen Fahrradschläuchen.

Unterdorfstraße 60, 40489 Düsseldorf, https://landhaus-freemann.eatbu.com, Mi–So 12–23.30 Uhr, Küchenzeiten: 12–14 und 17–21.30 Uhr

↑↗ Einladendes Ambiente ↗ Mittelmeer trifft Rhein – hier in Form eines gegrillten Oktopus
↓↘ Im Landhaus sind Radfahrende und Festgäste willkommen.

Blick von der Theodor-Heuss-Brücke auf den Jachthafen

7

VON DERENDORF NACH KAISERSWERTH UND DURCH DIE ILVERICHER RHEINSCHLINGE

Klassiker mit Kontrastprogramm

Das Stadion der Fortuna, die Werkhallen, in denen der Mercedes Sprinter gebaut wird, der Burghof, Kaiserswerth und eine Fährfahrt – diese Runde vereint vieles, was für Düsseldorf und seine Stadtteile im Norden typisch ist.

SPRINTER UND SCHREBERGÄRTEN Das spannende am Startpunkt in Derendorf sind die ersten Kilometer, die mehr oder weniger entlang der Bahngleise führen. Das ist überhaupt nicht idyllisch oder romantisch – aber dennoch faszinierend. Denn hinter den Gleisen, auf denen die ICEs in den Hauptbahnhof sausen oder von dort kommen, liegt das Mercedes-Werk, in dem der beliebte Transporter, der Sprinter, gebaut wird.
Wie groß das Werk ist, sieht man erst, wenn man an dem riesigen Areal vorbeifährt – 700 000 Quadratmeter sollen es sein. Im Kontrast dazu oder auch nicht, stehen die Schrebergärten der Kolonien Trockene Erde und Kittelbach. Fertige Sprinter in allen möglichen Ausbauformen stehen auf diversen Parkplätzen, an denen die Tour nun vorbeiführt. Zwischen Industrie und Handel auf der einen Straßenseite und Wohnhäusern auf der anderen geht es durch den Stadtteil Unterrath. Bald werden die Gewerbeflächen vom parkähnlichen Nordfriedhof abgelöst.

AM FORTUNA-STADION So wie das Mercedes-Werk zu Düsseldorf gehört, trifft dies noch viel mehr auf Fortuna Düsseldorf zu. Die Wurzeln der Fortuna liegen zwar in Flingern, wo sich heute noch das Nachwuchsleistungszentrum befindet, die Profis spielen jedoch in der MERKUR SPIEL-ARENA. Und genau dort führt die Tour nun vorbei. Das heißt auch: An Heimspieltagen ist es besser, sich eine der anderen Touren im Buch auszusuchen.
Fortuna-Fans, die, egal ob Spieltag oder nicht, in der Stadionnähe einen erhöhten Puls spüren, können sich gleich an der Wasserstelle der Stadtwerke bei einem Schluck frischen Wassers wieder runterkühlen. Wenn das nicht hilft, die weite Landschaft am Rhein, der in einem weiten Bogen dahingleitende Strom, tut sicher ihr Übriges. Die etwa sieben Kilometer bis Kaiserswerth sind auf jeden Fall ein großes Vergnügen. Wer Rad fahrende Besucher davon überzeugen will, wie schön es ist, in Düsseldorf zu leben, fährt mit ihnen hierher.

Tipp

ILVERICHER ALTRHEINSCHLINGE

Um länger und tiefer in die reiche Natur der Ilvericher Altrheinschlinge einzutauchen, kann man dem eher schmalen Weg folgen, der meist entlang des Mühlenbachs verläuft. Der wiederum folgt in weiten Teilen dem einstigen Flusslauf. Da der Weg wie gesagt eher schmal ist, kann man ihn nur empfehlen, wenn nicht allzu viele Spaziergänger unterwegs sind. Außerdem sollte es trocken sein. Bei Strümp ist es empfehlenswert, auf den asphaltierten landwirtschaftlichen Weg zu wechseln, der zu einem schönen Gestüt führt. Dort orientiert man sich an den Türmen des Klärwerks, die einen wieder zurück an den Rhein leiten.

DURCH KAISERSWERTH Nach all der Industrie zu Beginn der Tour, ist das historische Kaiserswerth wie ein Besuch in einer Puppenstube. Erst recht, wenn man sich wie wir über die gepflasterte Straße An St. Swidbert dem Zentrum nähert. Dass der älteste Stadtteil Düsseldorfs früher einmal eine Insel im Rhein war, lässt sich noch an den Gräben erahnen, die das Zentrum umgeben. Die Insellage bot dem Kaiser Barbarossa zusätzlichen Schutz. Die Reste der mittelalterlichen Kaiserpfalz stehen nah am Lauf des heutigen Rheins. Vorher kommen wir an der St.-Suitbertus-Basilika vorbei. Das spätromanische Kirchenschiff ist ein echtes Highlight. Der Heilige Suitbertus gründete hier schon im 7. Jahrhundert ein Kloster.
Gleich nebenan liegt unser Ziel, der **Burghof**. Das Kultlokal ist seit Jahrzehnten beliebtes

Ziel für Ausflügler und alle, die bei einem Aperol Spritz oder einem anderen Getränk entspannt in die Abendsonne über das Wasser schauen wollen. Dorthin wollen wir jetzt auch, also über den Rhein, auf die andere Seite. In Kaiserswerth gibt es hierfür eine Fähre. Wenn das Schiff ablegt und über den breiten Strom gleitet, entsteht immer wieder dieses Gefühl, auf einer weiten Reise zu sein, oder im Urlaub. Eine angenehme Unruhe und Euphorie, die sich in unseren Genen eingegraben hat. Drüben angekommen, muss man dann auch erst mal schauen, wie es dort aussieht, und zurückblicken, von wo man gekommen ist. Das lässt sich gut mit einem Eis machen, das man an dem Eiswagen bekommt, der hier an sommerlichen Wochenenden parkt.

DURCHS DAS HERZ VON PEMPELFORT

Hinter dem dörflichen Langst-Kierst verlassen wir kurz vor der Flughafenbrücke den schönen Radweg am Deich. Wir folgen ein Stück dem einstigen Verlauf des Rheins auf der Ilverischer Altrheinschlinge. Erst auf einem geschotterten Weg, dann gut asphaltiert und sozusagen quer über den ehemaligen Rheinbogen. Bald darauf sind wir wieder zurück auf dem Radweg am Rheindeich. Ein kurzes Stück geht die Tour direkt am Wasser entlang, dann verläuft sie oberhalb des kleinen Sporthafens von Lörick und des Löricker Freibads bis Niederkassel. Über die Theodor-Heuss-Brücke und das Herz von Pempelfort, dem Kolpingplatz und die Nordstraße führt die Tour meist auf einem breiten Radweg zurück zum Bahnhof Derendorf.

INFO

AUSGANGS-/ ENDPUNKT
Bahnhof Düsseldorf-Derendorf

HÖCHSTER PUNKT
25 m

TIEFSTER PUNKT
49 m

ANFAHRT
S1, S6, S11

PARKEN
Parkplatz Freibad Lörick, Niederkasseler Deich;
Parkplatz beim Wasserwerk Am Staad

Mittel	34 km	100 Hm	2.40 Std.

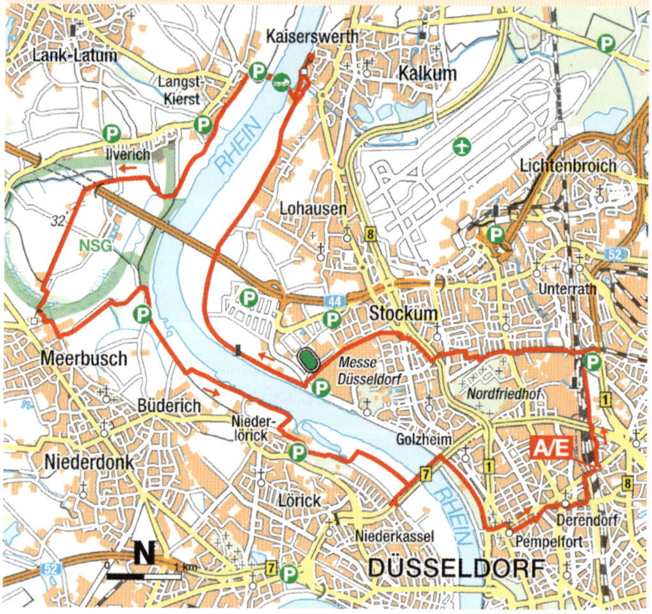

↑ Im Abendlicht ist es im Burghof am schönsten.

↘ Bei Radlerinnen und Radlern ist das Lokal seit jeher beliebt.

BURGHOF

Der wahrscheinlich bekannteste Biergarten im Gebiet von Düsseldorf liegt ideal: direkt neben der Kaiserpfalz in Kaiserswerth und mit freiem Blick über den Rhein. Oft schiebt sich die Fähre mit ins Bild, die nach Langs-Kierst übersetzt, oder von dort kommt. Den großartigen Ausblick genießen die Gäste vom schönen Biergarten, der von großen Kastanien beschattet wird. Bei gutem Wetter ist hier immer viel los. Auch am Abend, dann ist auf der Mauer kaum ein Platz zu bekommen. Der Blick in Richtung untergehende Sonne ist einfach herrlich. Aber auch drinnen sitzt man nett, und man kann bei Flammkuchen, herzhaften Pfannkuchen, Salat oder Weißwürsten wieder zu Kräften kommen. Der Besuch der Toiletten ist ein Erlebnis für sich – mehr wird an dieser Stelle jedoch nicht verraten.

Burgallee 1, 40489 Düsseldorf,
Tel. 0211/40 14 23, www.galerie-burghof.de,
Fr–Sa 11–24, So–Do 16–23 Uhr

VON RATINGEN NACH KETTWIG UND ÜBER DUISBURGS GRÜNE SEITE ZURÜCK

Versteckte Idyllen

Gegenden von unterschiedlichem Charakter verbindet diese Tour im Norden. Die Höhen bei Hösel, die Ruhr bei Kettwig und Waldgebiete zwischen Duisburg und Ratingen, hinzu kommen romantisches Fachwerk und eine echte Wasserburg. Auf einige Anstiege und unbefestigte aber gut befahrbare Waldwege sollte man sich einstellen.

8

Romantisch verschachtelt – der alte Ortskern von Kettwig

ERST DIE ARBEIT, DANN DAS VERGNÜGEN? So fühlt es sich an. Diese Tour hat zwei längere Anstiege und einen kürzeren – der erste wartet schon nach zwei Kilometern ab Bahnhof Ratingen Ost. Der Bahnhof, der von der S 6 von Düsseldorf aus angefahren wird, hat den großen Vorteil, dass man schnell ins Bergische Land kommt, ohne lange Anfahrten durch Wohn- oder Gewerbegebiete. Wobei, das kurze Stück nach dem Bahnhof, das bergab zur Anger führt, ist auch mit Bebauung schön. Das liegt nicht nur am Gefälle, sondern auch an den alten Häusern in der dörflich wirkenden Straße In der Brück.
Aber dann geht es auch schon bergauf. Kurz vor einem unbeschrankten Bahnübergang liegt malerisch die Brücker Mühle. Kurz darauf sind wieder einige Gleise zu überqueren, bevor wir bei der Blacksmith-Ranch den Hölenderweg langsam erklimmen. Wie gesagt, es gibt etwas Arbeit zu Beginn, immerhin ist der Anstieg nicht allzu steil. Oben angekommen, rollen wir durch den hübschen Ortskern von Eggerscheidt, in dem noch einige Fachwerkhäuser die Zeiten überdauert haben. Wären wir nicht gerade erst losgefahren, das Landgasthaus Eggerscheidt und das Restaurant Kessel am Pött sind sehr einladend und bieten ziemlich genau das, was früher mal »gutbürgerliche« Küche genannt wurde – hier heißt sie immer noch so.

ÜBER EIN VIADUKT NACH KETTWIG Auf einem landwirtschaftlichen Weg führt die Strecke erst über die Felder und dann über die Autobahn A 3. Kurz darauf tauchen wir kurz ab ins Angerbachtal, das auf anderen Routen in diesem Buch ausgiebiger erfahren wird. Wo es hinunter geht, muss es auch wieder hochgehen. Hier folgt die Ernüchterung direkt, und zwar mit einem landschaftlich sehr schönen, aber auch steilen Anstieg nach Hösel. Immerhin ist das Stück weniger als einen Kilometer lang. Durch Hösel fahren wir erst auf der Hauptstraße, dann auf einem Radweg daneben. Echte Sehenswürdigkeiten hat der Stadtteil von Ratingen nicht zu bieten, also radeln wir einfach weiter und freuen uns auf die schöne Landschaft, die uns gleich erwartet. Am letzten Kreisel am Ortsausgang von Hösel führt die Route erst durch ein Wohngebiet und dann steil bergab ins schöne Vogelsangbachtal. Wir fahren jedoch nicht bis ganz hinunter, sondern bleiben am Hang. Dort folgen wir dem PanoramaRadweg Niederbergbahn auf seinen schönsten Kilometern bis zu seinem Start- oder Schlusspunkt in Essen-Kettwig. Dabei überquert die ehemalige Bahntrasse das Tal an einer Stelle auf einem weiten Viadukt.

Viel Fachwerk – in Kettwig lohnt sich ein Spaziergang durchs alte Zentrum.

Tipp

SECHS-SEEN-PLATTE

Duisburg hat nicht nur einen sehr großen Industriehafen – es gibt auch reichlich Seen zur Naherholung. An der Sechs-Seen-Platte führt unsere Tour knapp vorbei – es bietet sich also an, noch eine kleine Extraschleife zu drehen, um den Wambachsee, Masurensee, Böllertsee, Wolfssee, Wildförstersee und Haubachsee kennenzulernen. Dort wird gesegelt, geangelt, gebadet, spaziert, geritten und wahrscheinlich noch anderes mehr. Statt alle Gewässer zu umrunden, kann man auch den gut 60 Meter hohen Wolfsberg ansteuern. Auf dem Berg, der vor allem aus Trümmerschutt besteht, thront ein 22 Meter hoher Aussichtsturm, von dem sich das gesamte Areal überblicken lässt.

AN DER RUHRSCHLEUSE Unten angekommen, fahren wir über die Ruhrschleuse in den historischen Ortskern von Kettwig mit seinen verwinkelten Gassen und den alten Fachwerkhäusern. Dort warten Kaffee und Kuchen im **Lavendel im Brückencafé** auf uns. Zurück über die Ruhrbrücke und die Schleusenanlage und erst einmal flach durch die Ruhraue. Allzu lang ist das Vergnügen jedoch nicht, denn nach dem Wasserschloss Hugenpoet, das zu einem luxuriösen Hotel ausgebaut wurde, wartet »der Esel«. Die Fakten: Auf einem Kilometer geht es 60 Höhenmeter bergauf, und das über zwei Serpentinen. Motorradfahrer lieben dieses Stück – und sportliche Radfahrer auch.

DEN ESEL HINAUF Egal, in welchem Tempo man es geschafft hat, oben angekommen: Man fühlt sich glücklich. Das liegt

Schöne Landschaft beim Golfclub Mühlheim

Blick über die Felder auf dem Mintarder Berg

auch daran, dass die Route nun die Landstraße verlässt und auf einem asphaltierten landwirtschaftlichen Weg über die Höhen des Mintarder Bergs führt. Auch die Fahrradstraße, die erst über die Autobahn A 52 und dann nach Selbeck führt, beglückt die Fahrerinnen und Fahrer dieser Tour mit einer schönen offenen Landschaft.
Hinter Selbeck tauchen wir in ein waldreiches Gebiet ein. Wer hier auf einer der nahe gelegenen Autobahnen, der A 3, A 52 oder A 524 unterwegs ist, käme nie auf die Idee, welche landschaftlichen Schönheiten hinter den Lärmschutzwänden warten. Zwischen Rottbachtal und Lintorfer Mark führt unser autofreies Sträßchen am gepflegten Grün des Golfclub Mülheim vorbei und durch einen Auen- und Mischwald. Jenseits der Bahngleise, die wir bald passieren, wirkt er ganz verwunschen.

VERWUNSCHENE WÄLDER Unterhalb der Sechs-Seen-Platte rollen wir dann in den Duisburger Stadtteil Großenbaum. Allerdings nur ein paar Meter. Denn gleich hinter einem Bach, der am Ortseingang überquert wird, zweigt links ein Sträßchen ab, das wir nehmen. Es führt mal durch, dann am Wald entlang, geht über die A 524 und immer weiter durch die grüne Idylle, die man hier, zwischen Duisburg und Ratingen kaum vermuten würde.
Das Waldgebiet Grindsmark ist ebenso eine Entdeckung für viele Landeshauptstädter wie das Naturschutzgebiet Rahmer Benden, das wir danach streifen, beziehungsweise auf gut

Tafel mit Streckenbeschreibung des PanoramaRadwegs Niederbergbahn

befahrbaren Waldwegen durchqueren. Am Bächlein mit Namen Hinkesforstgraben treten wir beherzt in die Pedale und kommen dann in den gleichnamigen Wald, aus dem wir erst am Rand von Lintorf auftauchen.

WASSERBURG HAUS ZUM HAUS Ein kleines Stück lärmende Straße muss auch mal wieder sein. Denn erst so lernt man die stillen Wege zu schätzen. Erst recht, wenn sie zu mittelalterlichen Wasserburgen führen. Das tut jetzt unser Weg: Wir erreichen unseren Ausgangspunkt Ratingen über eine idyllische Heidelandschaft. Mit der Wasserburg Haus zum Haus, die mittendrin liegt, glaubt man fast, im Set eines Märchenfilms gelandet zu sein. Über die Altstadt von Ratingen endet die Tour wieder am Bahnhof Ratingen Ost.

INFO

AUSGANGS-/ ENDPUNKT
Bahnhof Ratingen Ost

HÖCHSTER PUNKT
154 m

TIEFSTER PUNKT
36 m

ANFAHRT
S6

PARKEN
Parkplatz Bahnhof Ratingen Ost

Mittel | **38 km** | **270 Hm** | **3.00 Std.**

↑ Wer gerne ausgiebig frühstückt, ist hier richtig. ↘ Herrliches Fachwerk direkt an der Brücke.
↓ Gemütlich und historisch ist der alte Speiseraum. ↓↘ Für seine Auswahl an Torten ist das Café bekannt.

LAVENDEL IM BRÜCKENCAFÉ

Die Lage könnte kaum besser sein. Im alten Ortskern von Kettwig, direkt über dem alten Mühlenteich, befindet sich das nette Café in einem schönen alten Gebäude. Von einer der Außenterrassen schaut man über das Wasser, die Reste der alten Stadtmauer und die alte Steinbrücke. Der Inhaberin und ihrem Team ist es wichtig, dass alle Kuchen und Torten handgemacht und aus guten Zutaten gebacken wurden. Das schmeckt man, die Torten sind köstlich. Dazu passen die Tee- und Kaffeespezialitäten. Sehr beliebt ist das Café auch für ein ausgedehntes Frühstück.

Am Mühlengraben 4, 45219 Essen-Kettwig, Tel. 02054/5718, https://lavendel-im-brueckencafe.eatbu.com, Di–So 10–18 Uhr

Der Latumer See ist ein ehemaliger Baggersee – ein 1,5 km langer Rundweg führt um ihn herum.

9

ÜBER DIE ILVERICHER ALTRHEINSCHLINGE NACH OSTERATH

Wasser, Wald und Weite

Von der Deichkrone auf den Rhein schauen, durch dichten Auenwald und übers platte Land: Selbst vor den Toren Düsseldorfs lassen sich die schönen Landschaften des Niederrheins erfahren. Im denkmalgeschützten Café La Pähd warten selbst gebackene Kuchen.

DER S-BAHNHOF OSTERATH IST EIN GUTER AUSGANGSPUNKT für Touren durch den Niederrhein. Man ist noch nah an Düsseldorf und hat doch dieses weite flache Land vor sich. Mit seinen Wiesen und Weiden, den Pappeln, die hier und da dem Horizont etwas Senkrechtes entgegensetzen, seinen Dörfern und Kleinstädten aus roten Backsteinhäusern, wirkt die Region auf den ersten Blick unspektakulär. Doch je mehr und häufiger man die Gegend erkundet, desto mehr beginnt die Landschaft zu wirken, setzt sich fest. Irgendwann zieht es einen immer wieder aufs platte Land unter dem hohen Himmel. Zum Radfahren ist die Region einfach herrlich.
Unsere Tour verläuft aber erstmal in Richtung Osten, also in Richtung Meerbusch und Düsseldorf. Die Meerbuscher Straße, auf der wir durch den Stadtteil Osterath rollen, ist keine Augenweide. Aber man rollt gut und das auch bald schon am Büdericher Wald entlang. Der ist nicht nur ein schönes Gebiet für einen ausgedehnten Spaziergang, darin liegt auch eine Waldruhestätte, also ein Waldfriedhof ohne Grabstelen. Das wie ein Minischloss aussehende Häuschen, das bald auf der anderen Straßenseite zu sehen ist, gehört zum Haus Meer. Dieser Gartenpavillon wurde Mitte des 19. Jahrhunderts in den Park gestellt und ist viel jünger als die Ursprünge der Anlage. Die liegen nämlich im 12. Jahrhundert. Damals stand hier ein Kloster. Fürs Geistige sorgt heute eine Weinhandlung, die Räume in den erhaltenen Wirtschaftsgebäuden nutzt.

ÜBER LANDWIRTSCHAFTLICHE WEGE geht es in Richtung Rhein und dann am Rhein entlang. Wir schauen beim Löricker Jachthafen vorbei, dem Paradieshafen. Wirklich paradiesisch sind die wilden Sandstrände, die dahinterliegen. Danach nehmen wir den unteren Weg rheinabwärts, der direkt oberhalb des Ufers verläuft. Markant schaut ein 2,5 Meter hoher Granitkopf aufs Wasser. Der »Beuys-Kopf« stammt von dem Künstler und ehemaligen Beuys-Schüler Anatol (1931–2019). Sein ehemaliges Atelier – eine verwunschene Waldhütte – liegt übrigens auf dem Gelände der Stiftung Insel Hombroich – dort kommen wir unter anderem auf Tour 15 vorbei. Am edlen Restaurant Landhaus Monchenwerth vorbei, fuhrt unsere Strecke nun weiter nah am Rhein entlang. Wer mag, legt noch eine Rast an einem der schönen Strände ein.

Tipp

AUF DEM SINGLE-TRAIL AM RHEIN ENTLANG

Hinter dem Restaurant Haus Mönchenwerth führt der asphaltierte Weg bald zurück auf die Deichkrone. Wer mit dem Mountain- oder Gravel-Bike unterwegs ist und Lust auf schmale Pfade hat, kann auch unterhalb des Deichs weiterfahren. Das geht am besten, wenn die Wiesen gemäht wurden und der letzte Regen schon ein paar Tage her ist. Besonders spannend ist das Stück kurz vor der Rheinquerung, wo durch das Grün die Flughafenbrücke mit ihren 110 Meter hohen Pylonen aufragt. Am Ortseingang von Langst-Kierst trifft der Pfad dann wieder auf den befestigten Radweg auf dem Deich.

ILVERICHER ALTRHEINSCHLINGE Dass der Rhein nicht immer so verlief wie er es heute tut, sieht man gut auf einer Karte. Auf Höhe der Flughafenbrücke ist deutlich eine ehemalige Flussschleife auszumachen – die Ilvericher Altrheinschlinge. Im ehemaligen Flussbett hat sich ein dichter Auenwald gehalten, den wir jetzt ein kleines Stück durchqueren. Wenn Sie keine Lust dazu haben und es Ihnen am Rhein besser gefällt, kein Problem, fahren Sie einfach geradeaus, wir treffen

uns dann in Langst-Kierst, wo die Rheinfähre nach Kaiserswerth verkehrt.
Wir bleiben auf der Deichkrone. Rechts fließt der Rhein in Richtung Duisburg und gefühlt auch schon in die Niederlande und links öffnen sich die Rheinauen. Auf der Höhe eines Bauernhofs biegen wir links ab und kommen auf einem schmalen Nebenweg ins Dörfchen Nierst. Übers schöne flache Land, vorbei an Feldern, ist es nicht weit bis Lank-Latum. Schon von Weitem ist der alte Wasserturm zu sehen. Das Schmuckstück stammt aus dem Jahr 1912 und gehörte mal zu einer Zelluloidfabrik.

AM SCHÖNEN MARKTPLATZ VON LANK-LATUM ist der Dorfcharakter noch erhalten. Dort, gleich hinter der Kirche, liegt in einem hübschen Fachwerkhaus das **Café La Pähd** – perfekt für eine Rast bei Kaffee und Kuchen. Wenn das Grundwasser steigt, füllen sich die Auen im angrenzenden Wald von Lank-Latum mit Wasser. Auf ruhigen Wegen geht es erst durch den Weiler Ossum. Die ältesten Teile der Backsteinkapelle St. Pankratius sind rund 1000 Jahre alt. Das alte Herrenhaus Gripswald lässt sich leider nur aus einiger Entfernung anschauen, wie auch Schloss Pesch, da sich beide Anwesen in Privatbesitz befinden.
Gleich nachdem wir die A 57 überquert haben, liegt links etwas versteckt ein ehemaliger Baggersee. Der Bösinghovener See, der bei Tauchern beliebt ist. Bis zum Ausgangs- und Endpunkt der Tour, dem Bahnhof von Osterath, ist es nicht mehr weit.

INFO

AUSGANGS-/ENDPUNKT
Bahnhof Osterath

HÖCHSTER PUNKT
42 m

TIEFSTER PUNKT
30 m

ANFAHRT
RE7 und RE10

PARKEN
Parkplatz Bahnhof Osterath

Mittel | **39 km** | **90 Hm** | **3.00 Std.**

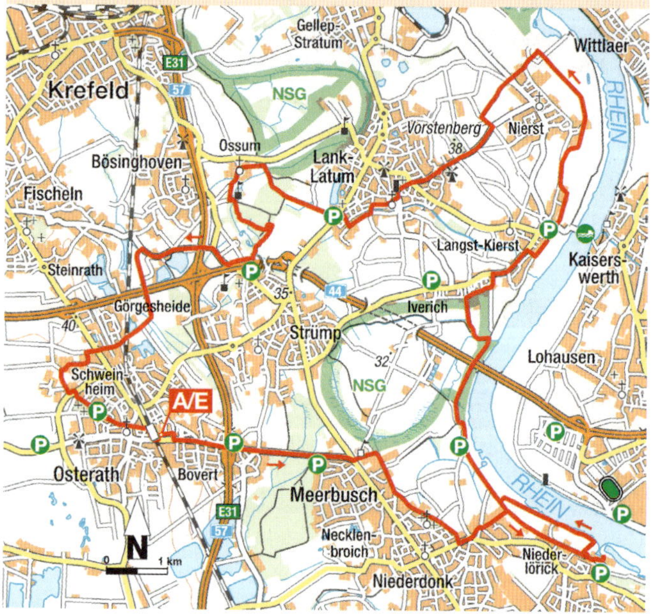

CAFÉ LA PÄHD

Im denkmalgeschützten Fachwerkhaus, gleich hinter der Kirche in Meerbusch-Lank, erwartet einen ein wunderbar romantisches Café. Sowohl im Gastraum wie auf der Terrasse fühlt man sich wohl. Das liegt auch an den köstlichen hausgemachten Kuchen und Torten. Die werden, wie der Tee oder Kaffee, auf verschnörkeltem Oma-Geschirr serviert. Wer vom Radfahren Hunger auf etwas Herzhaftes bekommen hat, kann sich mit einem belegten Bagel, Salat oder einer Quiche oder einem Flammkuchen stärken.

Fronhofstraße 12, 40668 Meerbusch, Tel. 02150/963 94 55, www.cafelapaehd.de, Di–Sa 10–19, So 12–18 Uhr

↑↗ Gemütliche Puppenstubenatmosphäre ↗ Die köstlichen Kuchen schmecken drinnen und draußen.

↓ Das Café befindet sich in einem alten Fachwerkhaus gleich hinter der Kirche von Meerbusch-Lank.

Weite Felder geben der Landschaft
in Richtung Willich und Mönchengladbach ihr Gesicht.

IM WESTEN

Übers flache Land –
Burgen, Schlösser und große Gefühle

An heißen Tagen sehr beliebt – die Strandbäder am Kaarster See

10

AM NORDKANAL ENTLANG ZUR NIERS UND ÜBER DIE FELDER ZURÜCK

Stille Wasser

Wie schön die Landschaften am Niederrhein sind, davon kann man sich auf dieser Tour überzeugen. Sie führt durchs offene Land zwischen Mönchengladbach und Krefeld und nutzt meist landwirtschaftliche Wege. Die Niers, Schloss Neersen und eine ganz besondere Kapelle warten an der Strecke, die ganz ohne Steigungen auskommt.

LOS GEHT'S IN BÜTTGEN Vom Bahnhof Büttgen aus rollen wir durch angenehme Wohnviertel und haben schnell die Ortsgrenze erreicht. Rechts des Radwegs ragen große Bäume in geometrischen Reihen markant in den weiten Himmel. Teilweise sind die Bäume im Formschnitt, was besonders spannend aussieht. Sie gehören zur Baumschule Schmitz, die sich auf große Bäume spezialisiert hat.

In Kaarst treffen wir auf einen Kanal, an dessen Ufern alles üppig wächst und gedeiht. Es ist der Nordkanal, dem die Tour auf den nächsten rund acht Kilometern folgen wird. Auch wenn man es dem Kanal nicht ansieht, er ist ein spannendes Stück Geschichte. Denn dieses nur wenige Meter breite Gewässer sollte mal eine echte Schifffahrtsstraße werden, die den Rhein mit der Maas und letztlich den Hafen von Antwerpen verbinden sollte. Napoleon hatte sich diese Idee in den Kopf gesetzt und ließ ab 1806 graben. Vom Kanal wurden jedoch nur zwei Teilstücke ausgehoben. Das eine führt von Neuss nach Neersen und das andere von Nederwerth nach Beringe, was aber schon in den Niederlanden liegt. Am ersten Teilstück fahren wir jetzt entlang.

LAUSCHIG ZWISCHEN FLUGHAFEN UND AUTOBAHN Auch wenn der Radweg wie der Kanal schnurgerade ist, ändert sich die Szenerie immer wieder. Wenn es dann doch zu langweilig wird, wechseln Sie doch kurz hinter Kaarst die Straßenseite und radeln ein Stück am Kaarster See entlang. Hier liegen zwei beliebte Strandbäder.

Etwa auf der Höhe von Schiefbahn wechselt der Radweg die Kanalseite, was den Vorteil hat, dass uns der Autoverkehr nicht mehr stören kann. Die Trasse verläuft nun durch ein schönes Waldstück unweit des Flughafens Mönchengladbach. Von dem bekommt man aber gar nichts mit, oder fast nichts,

Tipp

GANZ GROSSE RUNDE

Asphaltierte Radwege, keine Steigungen, kaum Straßen mit Autoverkehr – diese Tour lässt sich mit passender Kleidung zu jeder Jahreszeit und bei fast jedem Wetter machen. Vor allem Radfahrerinnen und Radfahrer mit E-Bikes bekommen vielleicht Lust, an sommerlich langen Tagen noch ein paar Kilometer dranzuhängen. Dafür eignet sich die Tour 11 als Erweiterung. Ihr nördlicher Verlauf – das ist der Teil nördlich der A44 – schließt Krefeld und die Burg Linn mit ein und verlängert die Tour 10 um knapp 20 Kilometer. Rund 10 Kilometer länger wird die Tour, wenn man im Süden noch den Abstecher zum Schloss Rheydt von Tour 11 mit einbaut.

Klein und modern – Wegkapelle in Willich

↑ Innenhof von Schloss Neersen
↓ In den Sommermonaten finden hier die Schlossfestspiele Neersen statt.

wenn nicht gerade ein Sportflieger startet oder landet. Auch die Autobahn stört nicht, während wir auf einem gut befahrbaren Waldweg am Neersener Bruch entlangradeln. Das Herzstück des Naturschutzgebietes ist ein kleiner See.

SCHLOSS NEERSEN Kurz darauf wartet schon das nächste Highlight – das Schloss Neersen. Ursprünglich war die Anlage eine Wasserburg, die von der Niers umflossen wurde. In seiner Geschichte, die von zahlreichen Zerstörungen und Umbauten geprägt ist, war das Schloss mal eine Samtfabrik, und mal eine Station der US-Armee. Heute befindet sich in der Anlage das Rathaus – und unser Tipp für eine Rast, das italienische **Restaurant Castello da Chiara**.
Eigentlich ist die Niers ein Flachlandfluss, der ursprünglich in zahllosen Mäandern durch ein breites Feuchtgebiet floss. Aber schon seit Jahrhunderten wurde der Lauf begradigt und verändert. Das ging bis ins 19. Jahrhundert, wo an seinem Lauf Mühlen errichtet wurden und später die Industrieabwässer von Mönchengladbach in die Maas abgeleitet wurden. Wenn man heute an dem begradigten Stück entlangfährt, kann man sich das kaum vorstellen. Das Wasser sieht sauber aus, die umgebende Natur intakt. Im Sommer sind zudem immer wieder Kajaks und Kanus auf dem Wasser unterwegs.

DURCH DIE AUEN DER NIERS Den ursprünglichen Charakter der Niersaue mit ihren Feucht- und Flutungsgebieten erahnt man, nachdem wir den Grenzweg am begradigten Fluss verlassen und am Aussichtspunkt Clörather Mühle am Salbruch anhalten. Auf den Grasflächen zwischen flachen Gewässern grasen einige Kühe, vielleicht steht ein Reiher am Ufer und hält Ausschau nach einem Frosch, sogar Störche

Der Wassergraben der Schlossanlage wirkt wie ein Parkgewässer.

nisten in dieser niederrheinischen Idylle. In den letzten Jahrzehnten wurde der Fluss streckenweise wieder naturnah zurückgebaut, damit die charakteristischen Tier- und Pflanzenarten, die durch die Begradigung verschwunden waren, sich wieder ansiedeln können.

Auf einem schmalen Sträßchen erreichen wir kurz darauf Anrath. Die Ortschaft gehört wie andere auch zur Stadt Willich, das heißt, sie bildet zusammen mit Schiefbahn und Neersen, wo wir vorhin waren, die erst 1970 gegründete Stadt Willich. Wir passieren Anrath nur auf der äußersten Straße eines Wohngebiets. Für einen Abstecher ins Zentrum spricht die mächtige neugotische Kirche St. Johannes. Auch, jedoch anders beeindruckend, ist die neue Justizvollzugsanstalt am Ortsrand, an der wir in Sichtweite vorbeifahren. Wenn der Ausbau 2025 fertiggestellt wird, können in dem Gefängnis 768 Personen ihre Haftstrafe verbüßen.

ALTE UND NEUE GEHÖFTE Beeindruckende Vierflügelhöfe aus rotem Backstein säumen nun den landwirtschaftlichen Weg, auf dem wir autofrei dahinrollen. Das weite flache Land wird nur bei Krefeld Forstwald von einem Waldgebiet unterbrochen. Wir queren das Wohngebiet und setzen unsere Tour der mächtigen Backsteinbauernhöfe fort. Der Weg mit dem Namen Holterhöfe hält, was er verspricht, der Reigen sehenswerter Bauernhöfe geht weiter, was sich auch auf der landwirtschaftlichen Straße Votzhöfe fortsetzt.

An der Krefelder Straße, wo wir abbiegen, um zu unserem Lokal zu kommen, fällt eine moderne Wegkapelle auf. Das Kirchlein mit dem Namen Mariä Rosenkranz ist nur 2,5 Meter bereit und fünf Meter lang. Die 2017 fertiggestellte Kapelle ist ein kleines Schmuckstück, in deren Inneren sich eine Marienfigur befindet. Es gibt am Eingangsbereich sogar ein Glockengehäuse.

ZURÜCK ZUM NORDKANAL Auf asphaltierten Radwegen führt unsere Tour nun um Osterath herum, kreuzt bei Meerbusch-Bovert die Landstraße und taucht wieder ein in die ländliche Idylle. Beim Hof von Bauer Berrisch, das ist dort, wo meist viele Gänse auf der Wiese schnattern, stößt die Tour wieder auf eine breite Landstraße – auch sie kreuzen wir nur.
Über die beschauliche Straße Broicherseite führt die Tour nun erst am Verkehrsübungsplatz des ADAC vorbei und dann an mehreren Reitställen. Wie ein Schloss sieht das Gestüt Lauvenburg aus, das Ende des 19. Jahrhunderts erbaut wurde. Durch Wohn- und Gewerbegebiete im Norden von Neuss trifft die Route nun wieder auf den Nordkanal und führt zurück zum Bahnhof von Büttgen.

INFO

Mittel | 55 km | 90 Hm | 3.50 Std.

AUSGANGS-/ENDPUNKT
Bahnhof Büttgen

HÖCHSTER PUNKT
44 m

TIEFSTER PUNKT
34 m

ANFAHRT
S8

PARKEN
Bahnhof Büttgen

↑ In der Schlossanlage – das italienische Restaurant
↓↘ Neben Pizza und Pasta wird auch frischer Fisch zubereitet.

CASTELLO DA CHIARA

Italienische Restaurants sind eigentlich immer ein guter Tipp. Erst recht, wenn es, so wie das Castello da Chiara in einem Gebäudeflügel einer schönen Schlossanlage untergebracht ist. Und wenn man beim Essen auf der Terrasse einen Blick auf das Schloss und den Park hat. Das familiengeführte Lokal hat sich unter anderem durch seine Fischküche – immer freitags – bei den Bewohnern von Neersen einen guten Namen gemacht. Aber auch die anderen Klassiker von Pizza, über Pasta bis Bistecca, sind verlockend. Auch interessant: Von Mittwoch bis Freitag wird am Mittag ein günstiges Buffet angeboten. Da das Restaurant während der Schlossfestspiele Neersen auch die Künstler kulinarisch versorgt und die Öffnungszeiten dem Programm anpassen muss, lohnt ein Blick auf die aktuellen Öffnungszeiten, die auf der Website angegeben sind.

Hauptstraße 6, 47877 Willich,
Tel. 02156/4976186,
www.castello-dachiara.de, Mo 17–22,
Mi–So 11.30–22 Uhr

ÜBER DEN ALLEENRADWEG NACH LINN

Zwischen Burg und Schloss

Erst Fahren, dann Essen – diesem Prinzip folgt die Tour, die neben den Highlights Schloss Rheydt und Burg Linn auch zwei besonders schöne Strecken zu bieten hat: entlang der Niers und auf dem Alleenradweg. Wer die Pause lieber früher machen möchte, kann als Ausgangspunkt auch den Bahnhof Osterath oder Krefeld-Linn wählen.

11

Beeindruckendes Ensemble mit Geschichte – die Burg Linn

Was wächst denn da? – Auf den Feldern vor Willich wird viel Gemüse angebaut.

DIE S-BAHNLINIE 8 sammelt alle Mitfahrenden ein, die aus Richtung Erkrath, Gerresheim, Flingern, Friedrichstadt und Bilk kommen. Natürlich macht die Bahn auch am Hauptbahnhof von Düsseldorf und Neuss halt. Startpunkt dieser Tour ist der Bahnhof von Korschenbroich, wo die Bahn hält, bevor sie weiter nach Mönchengladbach fährt. Wer nicht mit der Bahn kommt, auf beiden Seiten des Bahnhofs gibt es auch größere P&R-Parkplätze.

Dann erst mal los und raus aus Korschenbroich. Wir nehmen die Neusser Straße, die außerhalb des Orts einen eigenen Radweg hat. Ruhiger wird es auf dem Sträßchen, das kurz darauf links in ein Waldstück abzweigt und dann durch ein Wohnviertel am Rand von Kleinenbroich führt. Nach einem schönen Wegstück über die Felder erwartet uns ein besonders spannendes Teilstück dieser Tour. Beim Naturschutzgebiet Pferdebroich führt der Radweg auf einer ehemaligen Landstraße durch einen verwunschenen Wald. Die Straße ist jedoch schon soweit zugewachsen, dass sie nur noch wenige Meter breit ist. Hier und da ist noch die durchbrochene Mittellinie der alten Straße zu erkennen. Kein Lost Place, sondern eine Lost Street zwischen Baggerseen. Auch so kann die Mobilitätswende aussehen.

UNTER DEM WILLICHER FUNKTURM Die andere Seite der Mobilität überqueren wir gleich darauf. Wir radeln auf einer Brücke, unter der der Verkehr der A 52 braust. Viel mehr Steigung als diese Auffahrt zur Autobahnbrücke hat die Tour nicht zu bieten – ein echter Pluspunkt. Auch wenn es insgesamt flach bleibt, manches ragt doch in die Höhe. Die Rede ist vom sogenannten Willicher Funkturm. Das hässlich-schöne Ungetüm liegt direkt vor uns, wenn wir durch die dörflichen Ausläufer von Willich-Schiefbahn hoppeln – der Asphalt der Dorfstraße ist holprig wie eine Buckelpiste.

Macht nichts, denn gleich rollt die Tour auf glatten, autofreien Wegen an weiten Feldern entlang. Hier wachsen je nach Jahreszeit

Tipp

SCHLOSS RHEYDT

Das prächtige Renaissanceschloss ist mal wieder ein Beleg dafür, dass man nicht an die Loire oder in andere fernere Gegenden fahren muss, um beeindruckende Kulturschätze zu entdecken. Das spricht natürlich nicht gegen einen Besuch an der Loire, in der Toskana oder sonst wo, aber für die Wertschätzung dessen, was vor der Haustür liegt. Das im 16. Jahrhundert erbaute Schloss – die Ursprünge liegen im 12. Jahrhundert – ist nicht nur als Gebäude wegen seiner schönen Loggia und als Anlage mit Wassergraben und Park sehenswert. Auch im Innern hat das Schloss etwas zu bieten. Dort sind in einem Museum Kunst und Kunsthandwerk der Renaissance und des Barocks zu sehen, außerdem wird die Geschichte des Schlosses und der Stadt Mönchengladbach nacherzählt (www.schlossrheydt.de).

Spargel, Kohl, Kartoffeln und anderes. Wir fahren ein bisschen kreuz und quer über die Felder – und sollte der Wind ungünstig stehen, so bleibt der Trost, nachher wird er dann umso angenehmer die Fahrt beschleunigen.

RUND UM DIE BURG LINN Kurz vor Bösinghofen sorgt eine Gruppe von Lamas – oder sind es Alpakas? – für Erheiterung und Abwechslung auf den Weiden. Trotz diverser Autobahnen – die A 44 und die A 57 verlaufen ganz in der Nähe – bleibt die Strecke ruhig und ländlich bis zum ersten großen Highlight, der Burg Linn. Hier darf man sich ruhig etwas Zeit lassen und das historische Areal umrunden, die Burg sozusagen aus allen Blickwinkeln anschauen. Die mittelalterliche Wasserburg wurde ab dem 12. Jahrhundert erbaut, wobei es bereits vorher einen hölzernen Wachturm an der Stelle gab. Gleich neben der Burg steht ein gelbgetünchtes Jagdschloss, das der Kurfürst Clemens

↓ Zugang zur Burg Linn
↘ Alte Lok am Alleenradweg

Im Renaissanceschloss Rheydt wartet ein sehenswertes Museum.

August von Bayern, der zugleich Erzbischof von Köln war, in Auftrag gab. Burg und Jagdschloss beherbergen ein sehenswertes Museum.

Der Reiz der Anlage liegt auch an der historischen Umgebung, sprich dem alten Ortskern von Linn. Die kopfsteingepflasterten Gassen, die alten Backsteingebäude – all das liegt auf den Fundamenten eines ehemaligen römischen Lagers, dem Kastell Gelduba, das es hier im 2. und 3. Jahrhundert n. Chr. gab.

DURCH DIE VORORTE VON KREFELD Nicht ganz so idyllisch ist die Aussicht, die sich uns auf den kommenden Kilometern bietet. Von Krefeld Oppum bis in den Ortsteil Fischeln säumen Einkaufszentren, Gewerbebauten und Wohnhäuser den Weg – alles keine Augenweide, aber so ist das nun mal. Wer etwas Erholung braucht, der Biergarten des urigen Fischelner Burghofs – sozusagen das Zentrum des Ortsteils – ist eine Rast wert. Von hier aus kommt man auch an der sogenannten Knall-Jatz vorbei, einer schmalen Fußgängergasse, die ihren Namen von den laut klappernden Holzpantinen hat, die die Bauern früher trugen und die einen höllischen Lärm verursacht haben.

Ein Grund, überhaupt diese Tour zusammenzustellen, liegt neben Burg Linn und Schloss Rheydt – wohin wir noch kommen werden – an einem super zu befahrenden Asphaltband. Es geht um den Willicher Alleenradweg, der Willich und Mönchengladbach verbindet. Die knapp acht Kilometer lange Strecke gehört zu den Bahnradwegen im Kreis Viersen und schafft eine gute Verbindung in Richtung Neersen. Wie immer an alten Bahnstrecken, gibt es auch entlang der alten Trasse Interessantes zu entdecken. So auch hier: ein altes Stellwerk, den ehemaligen Bahnhof Willich und eine alte Rangierlok. Das mit Graffiti verzierte Stück ist eine 22 Tonnen schwere Lokomotive, die 1952 gebaut wurde.

AUF DEM NIERSRADWANDERWEG Auf dem Bahnradweg wird selbst das Autobahnkreuz Neersen, das uns bald im Weg liegt, entspannt umfahren. Die Route kommt dabei am westlichen Endpunkt des Nordkanals vorbei und dem Flughafen Mönchengladbach und landet zielsicher auf dem Niersradwanderweg. Einen anderen Abschnitt dieser attraktiven Radroute können Sie auf Tour 10 kennenlernen.

ZWEI WASSERSCHLÖSSER Das Stück bis zum Schloss macht einfach Spaß. Versteckt im Grün taucht links das Wasserschloss Myllendonk auf, das von den gepflegten Greens eines Golfplatzes umgeben ist, ehe es rechts zum Wasserschloss Rheydt abgeht. Das Renaissanceschloss und den Park kann man besichtigen (siehe Tipp). Auf jeden Fall sollte man es sich nicht entgehen lassen, einmal die Anlage zu umrunden und sich das beeindruckende Bauwerk anzuschauen.
Ob Besichtigung oder nicht, wer die Tour in Korschenbroich begonnen hat, wird schon großen Hunger haben und sich sicher auf die **Bolten Landwirtschaft**, das Gasthaus der Brauerei Bolten, freuen. Hier darf man sich wohl ein Altbier gönnen: Bis zum Ausgangs- und Endpunkt der Tour muss man nur noch durch den Ortskern von Korschenbroich rollen. Im Zweifelsfall kann man die knapp zwei Kilometer auch einfach schieben.

INFO

AUSGANGS-/ ENDPUNKT
Bahnhof Korschenbroich

HÖCHSTER PUNKT
53 m

TIEFSTER PUNKT
37 m

ANFAHRT
S8

PARKEN
P+R Bahnhof Korschenbroich

Schwer	56 km	110 Hm	4.00 Std.

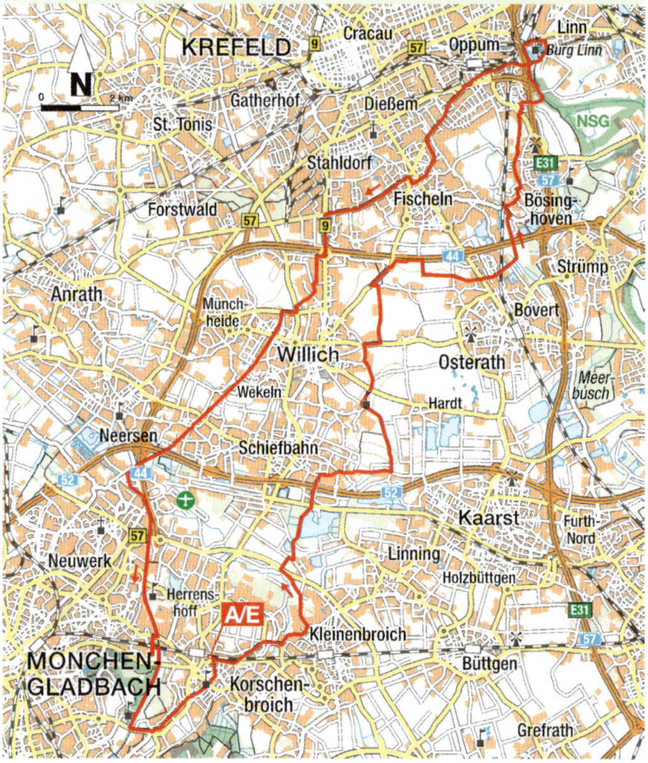

BOLTEN LANDWIRTSCHAFT

Die Landwirtschaft liegt direkt gegenüber der Brauerei Bolten. Das moderne Lokal mit seinem großen Biergarten ist ein beliebtes Ausflugsziel – auch für Radfahrer. Im Biergarten können es sich die Gäste bei Boltens Currywurst mit Pommes, verschiedenen Flammkuchen oder auch einem herzhaften Eintopf gutgehen lassen. Klar gibt es auch Kaffee und Kuchen. Wer morgens unterwegs ist, für den ist das Frühstücksangebot interessant. Radlerinnen und Radler mit E-Bikes freuen sich über die hauseigenen Ladestationen beim großen Radparkplatz.

Rheydter Str. 145, 41352 Korschenbroich,
Tel. 02161/402 45 55, www.bolten-brauerei.de/de/landwirtschaft.htm,
Mo–Fr 8.30–23, Sa–So 11.30–22 Uhr

↑ Die Brauerei gilt als eine der ältesten in Deutschland. ↓ Der Sudkessel begrüßt die Brauereibesucher.
↓↘ Gegenüber wartet ein einladendes Lokal mit Biergarten und Ladestation fürs E-Bike.

Nur noch wenige Meter, dann mündet die Erft in den Rhein.

12

VON BÜTTGEN ÜBER DÜSSELDORF UND AN DER ERFT ENTLANG

Rund um Neuss

Diese längere Tour führt zwar durch Düsseldorf, aber eigentlich beschreibt sie einen weiten Bogen um die Nachbarstadt Neuss. Dabei kommt man durch sehr unterschiedliche Gegenden. Am Rhein entlang durch Düsseldorf, die Erft flussaufwärts und dann durch stilles weites Land mit viel Kunst. Beste Zutaten für einen abwechslungsreichen Tag.

LOS GEHT'S IN BÜTTGEN Wer aus dem Süden der Landeshauptstadt kommt, für den eignen sich vielleicht die Bahnhöfe Norf auf der linken Rheinseite und Düsseldorf-Hamm auf der rechten Rheinseite besser. Beide werden von der S 11 angefahren. Am Bahnhof Hamm und in Büttgen hält die S 8. Nach dem Aussteigen aus der Bahn und dem Aufsteigen aufs Rad rollen wir langsam durch eine ruhige Wohnsiedlung in Büttgen. Nach wenigen Minuten ist die Ortsgrenze schon erreicht und die Route verläuft etwas im Zickzack über die Felder. Dabei umfährt sie die Ortschaften Driesch, Linning und streift Kaarst gerade soweit, dass der schöne ländliche Charakter der Region dominiert. Dazu gehören unbedingt die weiten Felder, auf denen im Frühjahr Spargel angebaut wird. So wie am Funkturm von Willich, der mit seiner etwas brachialen Form leicht zu erkennen ist und an dem man sich in dieser Gegend gut orientieren kann.

ÜBER OSTERATH IN RICHTUNG RHEIN

Auf dem Radweg, der von der viel befahrenen Osterather Straße getrennt verläuft, bleiben wir nur wenige Kilometer. Vor Osterath biegt die Tour rechts ab und führt übers flache Land und dabei erst über einen Bahnübergang und dann unter der Autobahn A 57 hindurch.

Das nächste Ziel ist der Rhein. Genauer gesagt, der Abschnitt zwischen Flughafenbrücke und Theodor-Heuss-Brücke. Auf dem Weg dorthin, führt der Radweg an der Waldruhestätte Meerbusch vorbei. Dass man diesem Wald gar nicht ansieht, dass hier die Asche von Verstorbenen beigesetzt wurde und wird, ist sozusagen Teil dieser naturorientierten Art der letzten Ruhe. Auf dem schmalen Radweg heißt es, beide Hände an den Lenker – der Boden ist durch Baumwurzeln an einigen Stellen so uneben, dass man sonst leicht stürzen könnte.

Tipp

INSEL HOMBROICH

Der Kulturraum Hombroich ist ein einzigartiges Areal. »Kunst parallel zur Natur« ist das Motto des Projekts, das seit Mitte der 1990er-Jahre wächst und weiterentwickelt wird. Auf der ehemaligen NATO-Raketenbasis, wo früher Sprengköpfe für Cruise Missiles- und Pershing-Raketen gelagert wurden, sind spannende Kunsträume zu entdecken, die von herausragenden Architekten wie Tadao Andō, Álvaro Siza, Raimund Abraham, Erwin Heerich und Dietmar Hofmann entworfen wurden. Dies sind die Raketenstation Hombroich und die Skulpturenhalle Neuss, die Raum für zeitgenössische Raumpositionen bieten. Sehenswert ist zudem das Kirkeby-Feld mit fünf Bauten des dänischen Künstlers, das Museum für populäre Druckgrafik und natürlich das Areal von Museum Insel Hombroich. Bereits seit 1987 nutzt das Museum ein weites Auengebiet, in das einzelne Ausstellungsgebäude integriert sind (www.inselhombroich.de).

HAUS MEER UND MEERBUSCH Gleich darauf geht es am Haus Meer vorbei. Die Front des ehemaligen Klosters und Herrenhauses beeindruckt durch ihre Größe. Leider ist sonst nicht mehr viel erhalten – bis auf das hübsche Teehaus, das so etwas wie das Wahrzeichen von Meerbusch ist. Jetzt nach gut einer Stunde reiner Fahrzeit tut eine Pause gut. Wie wäre es mit einem Stopp beim Rennrad-Enthusiasten Dino Gerst und seinem **Dino Cappuccino**? Übrigens, wer dringend ein Fahrradgeschäft oder eine Radwerkstatt braucht, schräg gegenüber des Cafés ist Fahrrad Mous. Das Fachgeschäft hat sich auf Räder des holländischen Herstellers Gazelle spezialisiert.

Wer nach Kaffee und Kuchen zum Nachtisch noch etwas Kultur konsumieren möchte, kann dies ganz entspannt einige hundert Meter weiter tun. Im alten Kirchturm von Meerbusch – den Rest des Gotteshauses gibt es nicht mehr – hängt ein großes Holzkreuz, das von Joseph Beuys gestaltet wurde. Auch die zweiflügelige Eichentür hat der Klever Künstler 1959 geschaffen.

BLICK AUF DIE DÜSSELDORFER ALTSTADT

Am Bahnübergang in Meerbusch-Büderich verlassen wir die Dorfstraße und fahren durch ein Wohngebiet zum Rhein. Dann rollen wir auf dem Deichradweg langsam auf Düsseldorf zu. Auf der anderen Flussseite ist die MERKUR SPIEL-ARENA zu sehen, die Spielstätte von Fortuna Düsseldorf, und die Gebäude der Messe Düsseldorf. Die Route führt am Campingplatz, dem kleinen Sporthafen und dem Freibad von Lörick vorbei. Spätestens bei der Theodor-Heuss-Brücke wird es städtisch. Auf der anderen Rheinseite zeigt sich die Stadt in ihrem typischen Panorama: das runde Hochhaus der Versicherungsgruppe Ergo, die runde Kuppel der Tonhalle, hinter der Oberkasseler Brücke dann die Kunstakademie, die Lambertus-Kirche mit dem schief-gewundenen Kirchturmdach, der Turm des ehemaligen Stadtschlosses und so weiter.
Während wir auf dem Kaiser-Wilhelm-Ring entlangradeln, lassen wir das Panorama an uns vorbeiziehen. Auf der letzten der drei Rheinbrücken im Stadtzentrum, der Rheinkniebrücke, queren wir den Fluss. Hier, am Rheinkilometer 743, bietet sich eine großartige Aussicht auf die Altstadt mit der Rheinpromenade und den Medienhafen im Südwesten. In diese Richtung fahren wir auch, nachdem wir in einer Spirale von der Brücke gesaust sind. Noch besser als von der Rhein-

↓ Wildwasserparcours an der Erft
↘ Im Medienhafen in Düsseldorf

Eine von mehreren Mühlen an der Erft – die Erprather Mühle bei Weckhoven

kniebrücke ist der Blick vom Rheinturm, der sich mit 240 Metern neben dem Landtag von Nordrhein-Westfalen erhebt. Je nach Tag und Tageszeit kann es rund um das politische Zentrum des Landes auch schon mal etwas trubeliger werden und die Polizei mit größerem Aufgebot vor Ort sein.

DURCH DEN MEDIENHAFEN NACH HAMM

Das Sightseeing-Programm geht weiter. Neben dem Funkturm gehören fraglos die Gebäude am neuen Zollhof zu den Wahrzeichen der Stadt. Die Gehry-Bauten sind auch nach über 20 Jahren noch ein faszinierender Anblick – vor allem das Metall-glänzende mittlere der drei Gebäude. Aber auch die Kulisse des Medienhafens trägt ihren Teil dazu bei, dass das Ensemble gut zur Geltung kommt.

Nach der Unterführung beginnt jenseits des Bahndamms eine andere Welt, genauer gesagt, eine ältere und kleinere Welt. Auf der Dorfstraße fahren wir durch den Ortsteil Hamm, der noch immer wie ein beschauliches Dorf am Rhein wirkt. Rund um den Ortskern wachsen auf planierten Anbauflächen Schnittblumen, Topfpflanzen und Küchenkräuter. Sie stecken nicht im Boden, sondern werden direkt in den Pflanzbehältern gezogen, in denen sie dann auch in den Verkauf kommen. Gleich hinter der barocken Rochuskapelle führt der Weg auf den Rheindamm, der zum Wasser hin mit einer Backsteinmauer begrenzt wird.

ERFT-RADWEG UND KUNST Über die Josef-Kardinal-Frings-Brücke wechseln wir wieder die Rheinseite und radeln unter dem Dach von Platanen auf den Neusser Sporthafen zu. Nur wenige Meter neben der Hafenzufahrt mündet die Erft in den Rhein. Bis hierher hat das Flüsschen 106 Kilometer zurückgelegt. Abschnitte des schönen Radwegs, der an der Erft entlangläuft, sind auch in die Touren 16 und 21 integriert. Dort werden der Weg und seine Highlights entlang der letzten Flusskilometer auch genauer beschrieben.

Wir folgen dem Erft-Radweg bis zum Museum Insel Hombroich. Von den Kunstwerken dieser großartigen Museumslandschaft ist vom Radweg aus wenig zu sehen. Das ändert sich auf dem Feldweg, der zur Raketenstation Hombroich führt. Allein die Gebäude des 2018 verstorbenen Künstlers Per Kirkeby sind sozusagen Kunstwerke. Mehr Kunst ist in der Skulpturenhalle der Thomas-Schütte-Stiftung und in der Langen Foundation der ehemaligen Raketenstation zu sehen.

Auf der leichten Anhöhe im Westen von Neuss weht oft ein kräftiger Wind. Wenn er aus südlicher Richtung bläst, schiebt er uns über das Plateau und man kann die offene Landschaft ohne Anstrengungen genießen. So segeln wir über die Felder und durchs dörfliche Lüttenglehn zurück zum Ausgangspunkt, dem Bahnhof von Büttgen.

INFO

AUSGANGS-/ENDPUNKT
Bahnhof Büttgen

HÖCHSTER PUNKT
65 m

TIEFSTER PUNKT
38 m

ANFAHRT
S6

PARKEN
Parkplatz Bahnhof Büttgen

Mittel | **51 km** | **130 Hm** | **3.40 Std.**

↑ **Radsport und Kaffee gehören für den ehemaligen Radrennfahrer Dino »Cappuccino« zusammen.**
↓↘ **Cappuccino aus eigener Röstung, Aperol Spritz und ein italienischer Vintage-Renner – hier passt alles zusammen.**

DINO CAPPUCCINO

Rennradler haben das Café im Zentrum von Meerbusch schon länger als Anlaufpunkt entdeckt. Inhaber Dino Gerst ist selbst begeisterter Rennradler mit Faible für italienische Fahrradklassiker und Kaffeekultur. Beides macht die Atmosphäre im Dino Cappuccino aus: Gute Kaffees aus eigenen Röstungen und die für italienische Bars typische Vitrine mit diversen Kuchen und Snacks. Zusammen mit Ehepartnerin Signe Marina Gerst verwöhnen die beiden ihre Gäste auch mit einem leckeren Frühstück, speziellen Kreationen wie einem Noisette-Karamell-Cappuccino und frischen Waffeln am Nachmittag.

Dorfstraße 1b, 40667 Meerbusch,
Tel. 02132/5813168,
www.dino-cappuccino.com,
Mo–Sa 9.30–18, So 10–18 Uhr

Durch die Platanen-Allee am Rhein entlang – bei Neuss ist das Radfahren ein Vergnügen.

IM SÜDEN

Von Heidelandschaften und Rheinauen, Burgen und Klöstern

Von der »Living Bridge« haben Sie beste Sicht auf den Medienhafen.

13

VOM MEDIENHAFEN AM RHEIN ENTLANG ZUM EISESSEN

Kleines Glück im Süden

Eine kurze entspannte Tour, bei der es viel zu Gucken gibt. Spektakuläre Architektur im Medienhafen, Schiffe, die durch die Düsseldorfer Rheinbogen manövrieren, ein beschaulicher Hafen und Teppiche aus Blumen und Grün. Unser Ziel: eine Eisdiele mit köstlichen Sorten und Kreationen.

AM S-BAHNHOF HAMM wirkt Düsseldorf wie ein Mix aus ländlicher Dorfatmosphäre und Großstadthafen-Feeling. Wo wir starten, im hinteren Bereich des Medienhafens, ist nix mit Medien. Stattdessen begrüßt uns ein spannendes Zwischenland, das wahrscheinlich auch irgendwann von Investoren und Stadtentwicklern in die Gegenwart oder Zukunft geholt wird. Aber noch ist es nicht soweit und wir radeln auf einer Straße, die von stillgelegten Industriegleisen gequert wird und in den schicken Medienhafen führt. Einfach durchfahren ist zu schade. Denn am Medienhafen gibt es immer wieder neue und spannende Perspektiven zu entdecken – die alten Hafenbecken, in denen teilweise Sportboote vertäut sind, und drumherum die Hochhäuser, von denen eines das andere überbieten will: Wer ist individueller, wer ist auffälliger?

SCHÖNHEITSWETTBEWERB MODERNER ARCHITEKTUREN Diesen gewinnt mühelos ein Gebäudeensemble, das wie eine riesige Skulptur aussieht. Die Gebäude Neuer Zollhof 1, 2 und 3 des kanadischen Architekten Frank O. Gehry sind längst zu einem Wahrzeichen der Stadt geworden.

Hier gibt es so viel zu sehen, dass man gar nicht hinterherkommt. Denn auf der anderen Seite unserer Strecke, also in Richtung Altstadt, tagt der Landtag von Nordrhein-Westfalen. Neben dem interessanten Rundbau erhebt sich der Rheinturm. Mit seinen 240 Metern Höhe ist er auf unseren Touren immer wieder ein markanter Orientierungspunkt. Natürlich gibt es (fast) ganz oben auch ein Lokal. Das Rheinturm-Restaurant dreht sich in einer Stunde einmal um die eigene Achse.

Von der Fußgänger- und mittlerweile auch Fahrradbrücke »The Living Bridge« haben Sie einen guten Blick auf das gesamte Areal. Wenn Sie nach links schauen, in den Medienhafen, sehen Sie neben den Gebäuden von Frank O. Gehry auch die Hinterlassenschaften anderer renommierter Architekten wie David Chipperfield, Joe Coenen, Steven Holl und Claude Vasconi.

AM GOLFPLATZ ENTLANG Nach der Brücke führt der Radweg oberhalb von schönen Sandstränden entlang. Hier ist immer viel los, an Wochenenden im Sommer auch in der Nacht. Nach eine scharfen Links-rechts-Kurve lassen wir das Tempo am besten gemächlich. Denn am Golfplatz am Hafen ist oft viel Betrieb. Die 9-Loch-Anlage begleiten wir noch ein Stück, bevor wir wieder in so eine typische Stadtrandlandschaft kommen, die wie eine perfekte Krimilocation aussieht: Ein paar Bahngleise, Lagerhallen, die mächtige Stahlkonstruktion der Hammer Eisenbahnbrücke. Die Ruinen des Vorgängerbaus sind auch noch zu sehen. Diese wurde 1945 zerstört, um den Vormarsch der Allierten zu stoppen.

Tipp

EINE SCHLEIFE DURCH DEN UEDESHEIMER RHEINBOGEN

Die schöne Rheinlandschaft des Naturschutzgebiets Uedesheimer Rheinbogen setzt sich auch südlich der Fleher Brücke noch ein Stück fort. Fahren Sie einfach unter der Brücke weiter auf dem Radweg, der in Richtung Dormagen ausgeschildert ist. Vorbei an einem schönen Pferdegehöft geht es zunächst ein kleines Stück an der Bundesstraße entlang, bevor Sie links nach Uedesheim abbiegen können. Über die Deichstraße erreichen Sie den Fähranleger. Weiter geht es über die Rheinfährstraße durch den Ort und dann über die Macherscheider Straße wieder zurück zur Fleher Brücke, wo Sie die Tour wieder fortsetzen.

Auf der nächste Brücke wechseln wir zur Neusser Seite. Die schöne Platanenallee ist unser Weg. Vom Sporthafen Grimlinghausen ist es nicht mehr weit bis zu den leckeren Eiskreationen unseres Ziels: dem Eiscafé **Meine Eisliebe**.

NATURSCHUTZGEBIET UEDESHEIMER RHEINBOGEN Wir durchqueren diesen wunderschönen Naturraum, in dem es manches zu entdecken gibt. Hinter alten Kopfweiden erhebt sich die insgesamt 1165 Meter lange Fleher Brücke, die den Rhein auf einer Länge von 368 Metern überspannt. Unter dem fast 150 Meter hohen Pylon fahren wir wieder auf die rechte Rheinseite. Dass Volmerswerth im 12. Jahrhundert noch auf einer Insel lag, davon erzählt das Wandbild von Roland Tichy.

Die vielleicht schönste Ecke von Düsseldorf-Hamm ist die Dorfkreuzung bei der Rochuskapelle – ein Ensemble aus Backsteinbauten aus dem frühen 18. Jahrhundert. Vorsicht: Radfahrer und Autofahrer kommen sich hier oftmals in die Quere. Bis zum Ausgangspunkt ist es jetzt nicht mehr weit.

INFO

AUSGANGS-/ ENDPUNKT
Bahnhof Düsseldorf-Hamm

HÖCHSTER PUNKT
40 m

TIEFSTER PUNKT
30 m

ANFAHRT
S8, S11, S28

Leicht | **22 km** | **60 Hm** | **1.30 Std.**

MEINE EISLIEBE

Im Sommer sieht man an der Rheinpromenade in Grimlinghausen immer viele Menschen, die Eis essen. Manche spazieren mit einer Eistüte in der Hand, andere haben es sich mit einem Becher auf einem Mäuerchen gemütlich gemacht. Sie alle genießen das handwerklich hergestellte Eis von Wiebke Fischer. »Wir haben ein festes Eissortiment, das sind die Klassiker wie z. B. Schokolade, Stracciatella, Erdbeere, Vanille. Dazu produzieren wir saisonal, das heißt im Sommer mehr Fruchtsorten und im Herbst/Winter mehr Milcheis wie zum Beispiel Mohn-Marzipan, Spekulatius, Zimt«, erklärt die Inhaberin. Das hübsche Café befindet sich in einem alten Backstein-Eckhaus nur etwa 50 Meter vom Rheinufer.

Rheinuferstraße 94, 41468 Neuss,
Tel. 02131/3839955
Die Öffnungszeiten variieren je nach Jahreszeit. In der Hauptsaison: Apr.–Aug. tgl. 12–21 Uhr

↑↗ Schlemmen erlaubt – die Eiskreationen ändern sich je nach Saison. ↗ Immer einen Stopp wert.
↓ Welche Sorte schmeckt am besten? Hier fällt die Wahl schwer.

KLEINE RUNDE IM SÜDEN ÜBER ZONS

Entspannt in die Vergangenheit

Da die Tour eher kurz ist, bleibt mehr Zeit für die Highlights: die Zollfeste Zons und das Kloster Knechtsteden. Das ans Kloster angrenzende Waldgebiet ist ebenso ein Erlebnis wie der Rheinblick in Düsseldorfs Süden. Die Route bleibt immer flach und ist auch auf den Waldwegen gut zu befahren.

14

Beeindruckende Basilika aus dem Mittelalter – das Kloster Knechtsteden

AUSSTEIGEN IN NIEVENHEIM Nach einigen Häuserecken liegt Nievenheim, ein Stadtteil von Dormagen, hinter uns. Auf einer schmalen Straße zwischen den Feldern kann man sich erst einmal einrollen in diesem flachen Land. Bei einem großen Logistikbetrieb unterquert die Route die Autobahn A 57 und führt an einigen Bauernhöfen vorbei. Der Verkehr auf der B 9 muss uns nicht stören, wir überqueren die Bundesstraße und sehen gleich darauf zwischen den Bäumen, wie der Martinsee ruhig in der Sonne glitzert. Im rechten Winkel biegt die Tour nun links ab, was den klaren Vorteil hat, dass wir nun die spannende Landschaft der Zonser Heide beziehungsweise der Hannepützheide durchqueren. Die ist zwar nicht groß, aber inmitten der bewirtschafteten Flächen wie eine Oase. Auf einer Düne wachsen Kiefern, dazwischen die offenen Heideflächen – wer hätte das hier erwartet?

RHEIN IN SICHT In Stürzelberg, das wir am Rand passieren, lässt sich entspannt leben, so wirkt auf jeden Fall das Wohngebiet mit den Einfamilienhäusern. Wirklich beschaulich ist auch die Oberstraße, die an Wochenenden für den Autoverkehr gesperrt ist, trotzdem sind einige Fahrzeuge unterwegs. Auf der anderen Seite, also links, fließt der Rhein in einiger Entfernung und hinter einem Damm. Auf diesem schönen Sträßchen bekommt man leicht Nordseegefühle. Mindestens Urlaubsgefühle weckt das Panorama, das sich kurz darauf auftut. Auf dem Rhein schippert eine Fähre und weiter vorne ragen die alten Stadtmauern der Zollfeste Zons auf. Das schöne alte Fährhaus ist der Restauranttipp von Tour 18. Bei dieser Tour ist ein Stopp im **Stratos Dining** eingeplant. Im kleinen gemütlichen Speiseraum kann man sich gut aufwärmen und das Essen ist auch fix serviert.

Tipp

IMMER AM RHEIN ENTLANG

Um den Fluss noch etwas länger zu begleiten, bietet es sich an, die Halbinsel Zonser Grind in die Tour zu integrieren. Beim Blick auf die Karte erkennt man sofort den Weg: Bei Stürzelberg fährt man nicht rechts auf der Oberstraße nach Zons, sondern links und dann gleich wieder rechts in die Rheinauen. Gegenüber von Benrath führt die Strecke an einem Campingplatz vorbei. Dann verläuft der meist unbefestigte Weg nahe am Ufer und landet direkt am Fährhaus Zons am Rhein entlang. Über den Zonser Grind wird die Tour sieben Kilometer länger.

DURCH DIE ZOLLFESTE ZONS Trotz des sonnigen Wetters sind nur wenige Besucher in Zons. In den alten Ortskern, der noch fast vollständig von einer Stadtmauer umgeben ist, rollen wir durch das Rheintor. Dieses Gebäudeensemble aus Zollhaus, Tor, Kapelle und mächtigem Rheintor macht wirklich was her, ebenso wie die sehenswerte Rheinstraße. Sie wird zum Rhein hin von der Stadtmauer begrenzt, an der mehrere kleine Wachtürme aufragen.

Wenn nicht gerade eisige Temperaturen herrschen würden, wäre die Eismanufaktur Zons perfekt für eine kleine Nachspeise. Heute hat die italienische Eisdiele ohnehin geschlossen und weiter geht es: Erst einmal raus aus dem alten Ortskern, außen an der Stadtmauer entlang und in Richtung Rhein. Am Deich kann man sich je nach Windverhältnissen entscheiden, ob man den Weg auf der Deichkrone nimmt – mit besserem Blick – oder geschützter und mit weniger Fußgängern etwas unterhalb. Die Spaziergänger sind aber ohnehin bald kein Thema mehr, sie halten sich eher in der Nähe von Zons auf.

CHEMPARK DORMAGEN Am Rhein liegen nicht nur die herrlichen Rheinauen, wie hier im Süden von Zons, sondern auch große Industrien. Das 360 Hektar große Areal ist eine richtige Industrielandschaft, die auf ihre Art sehenswert ist.
Durch den Chempark zu fahren, wäre sicherlich spannend, geht aber nicht. Wir steuern stattdessen den Ortskern von Dormagen an. Die wichtigsten Sehenswürdigkeiten der Stadt liegen nicht im Zentrum. Es sind der Ortsteil Zons, von wo wir kommen, und das Kloster Knechtsteden – dorthin fahren wir jetzt.

EINE BASILIKA AUS DEM 12. JAHRHUNDERT Auf einem asphaltierten Sträßchen, dem Holzweg, radeln wir wieder an den Feldern entlang, immer der Sonne entgegen. Von Delhoven bekommen wir nicht viel mit, weil wir uns durch ein Waldgebiet am Ortsrand bewegen, hinter dem dann urplötzlich und umso beeindruckender die Türme der Klosterkirche Knechtsteden auftauchen. Die romanische Basilika aus dem 12. Jahrhundert ist unbedingt einen Besuch wert. Wem in den heiligen Hallen nicht richtig warm wird, im Klosterladen warten heißer Kaffee oder Tee. Nach dem Besuch der Klosteranlage des Spiritanerordens führt die Tour durch ein schönes Waldgebiet. Schön heißt hier auch, gut zu befahren. Knapp vier Kilometer führt die Route nun durch den Wald. Durchs flache Land und einmal längs durch Nievenheim geht es zurück zum Bahnhof Nievenheim, wo die S 11 über Neuss, Düsseldorf Hauptbahnhof bis Düsseldorf Flughafen fährt.

INFO

AUSGANGS-/ ENDPUNKT
Bahnhof Nievenheim

HÖCHSTER PUNKT
52 m

TIEFSTER PUNKT
35 m

ANFAHRT
S11

PARKEN
Bahnhof Nievenheim; Parkplatz Zons; Parkplatz Kloster Knechtsteden

Mittel	33 km	110 Hm	2.30 Std.

STRATOS DINING

Das griechische Imbisslokal liegt in Sichtweite des Rheinturms, eignet sich also perfekt, um vor oder nach einer Stadtbesichtigung hier eine Pause einzulegen. Mit Gyros, Pizza, Burgern und Salaten hat sich Stratos Dining in Zons und Umgebung eine große Fangemeinde erkocht. Highlights sind die Pizza Rustika mit Mozzarella, Tomaten, Rucola und Parmesan sowie Gyros Spezial. Bei diesem Klassiker wird das Gyrosfleisch zusätzlich mit Gouda überbacken. Man sollte auf jeden Fall genügend Hunger mitbringen, die Portionen sind groß. Im kleinen Innenraum oder auf der großen Terrasse fühlen sich auch Radler sehr wohl.

Herrenweg 1, 41541,Dormagen,
Tel. 02133/45 07 11,
www.stratos-dining-zons.de,
Di–So 11.30–22 Uhr

↑↗ Ist es draußen zu kalt, ist auch drinnen genügend Platz. ↗ Kleines Lokal, großer Genuss – griechische Klassiker wie Gyros kommen gut an. ↓↘ Auf der großen Außenterrasse findet sich meist noch ein freier Tisch.

Geht auf das 14. Jahrhundert zurück – Schloss Liedberg

VON KLEINENBROICH ÜBER LIEDBERG UND DYCK ZUR RAKETENSTATION

Alte Schlösser und neue Kunst

Den alten Ortskern von Liedberg und Schloss Dyck darf man nicht verpassen. Daher lässt die entspannte und kürzere Tour Zeit, um die touristischen Highlights kennenzulernen. Wer mag, schaut sich noch etwas auf der ehemaligen Raketenstation um. Im weiten und unverbauten Land führt die Tour über asphaltierte und unkomplizierte Wege.

AM BAHNHOF VON KLEINENBROICH

Dass das Bahnhofsgebäude schon ein paar Jährchen auf dem Buckel hat, sieht man sofort. Schon 1851 wurde der Bahnhof erbaut – damals war es der einzige Halt der Eisenbahn zwischen Düsseldorf und Mönchengladbach. Heute hält hier die S 8, die zwischen Hagen, Wuppertal, Düsseldorf, Neuss und Mönchengladbach verkehrt. Wenn man aussteigt und direkt aus Düsseldorf kommt, kann man sich vorkommen, als befände man sich weit draußen auf dem flachen Land. Ist ja auch so. Jedenfalls ist es eine eigene Welt, die mit der Landeshauptstadt wenig zu tun hat. Gut so, denn das steigert das Urlaubsgefühl.

Auch wenn auf dem ersten Abschnitt rechts und links Häuser stehen – es fühlt sich schon sehr nach Land an und viel Verkehr gibt es auch nicht. Also einfach in die Pedale treten und schauen, wie die Leute in Kleinenbroich und Pesch so wohnen und leben. Ein kurzes Stück auf der L 382 und schon kommen wir in Liedberg an.

EIN 34 METER HOHER BERG Eigentlich ist die Gegend flach wie eine Pizza. Der 34 Meter hohe Liedberg überragt das Flachland jedoch wie – sagen wir ein Avocado-Herz eine Pizza Vier Jahreszeiten. Auch wenn die rund 700 Meter lange Quarzitkuppe nicht sehr hoch ist, ragt sie deutlich aus dem flachen Land hervor – es ist eben ein Inselberg und ein bewaldeter dazu. Und an seiner Nordseite schmiegt sich ein Dorf wie aus dem Bilderbuch: Liedberg.

Bekrönt wird es von Schloss Liedberg, das im 14. Jahrhundert erbaut und im 17. und 18. Jahrhundert erweitert wurde. Der berühmteste Gast bis heute war kein anderer als der französische Sonnenkönig Ludwig XIV. Er war mit Hofstaat 1701 zu Gast. Da das Schloss bewohnt ist, kann es nur zum Tag des offenen Denkmals besichtigt werden.

↑ Kann bestiegen werden – der Mühlenturm

↓ Romantischer Ortskern mit Dorfschänke

Tipp

SCHLOSS DYCK

Auf vier Inseln im Kelzenberger Bach wurde Schloss Dyck mit seinen Vorburgen und dem Wirtschaftshof erbaut. Besucher können im Innern zwei Ausstellungen sehen. Die eine erzählt vom Glanz und dem gesellschaftlichen Leben am barocken Hof. Hierbei kann unter anderem der große Festsaal besichtigt werden. Die andere Ausstellung widmet sich der Gartenkunst des 18. und 19. Jahrhunderts und nutzt den ehemaligen Stallhof. Um das Schloss wurde einer der frühesten englischen Gärten in Deutschland ab 1820 angelegt. Das 53 Hektar große Areal öffnet sich immer wieder zu romantischen Landschaftsbildern. Auch wurden im Lauf der Jahrhunderte außergewöhnliche Gehölze gepflanzt, wie Rieseneibe, Mammutbaum, Geweihbaum, Tulpenbaum und andere. Im Mai sorgen Rhododendren für eine üppige Blütenpracht. Hobbygärtnerinnen und -gärtner können sich in Themenanlagen und im Asia-Schaugarten von bestimmten Pflanzenkombinationen und Arrangements inspirieren lassen. Im Schloss befindet sich auch ein Café-Restaurant, das den Schlossbesuchern und Hotelgästen vorbehalten ist (www.stiftung-schloss-dyck.de, Di–So 10–17, Ausstellungen Sa–So, Fei 12–17 Uhr).

FACHWERKROMANTIK IN LIEDBERG Ist aber nicht schlimm, es gibt ja nicht nur ein Schloss zu sehen. Zum Beispiel auch einen Marktplatz, der mit den Fachwerkhäusern ein geschlossenes und einzigartiges Ensemble bildet. Etwas oberhalb der Kirche überragt der Mühlenturm den Ort. Er wurde vermutlich um 900 errichtet, jedoch nicht als Mühlen-, sondern als Wehrturm. Danach wurde er ein Wohnturm, dann eine Mühle. Für einen halben Euro kann man hinaufsteigen und weit übers Land schauen.
Auf einem asphaltierten Feldweg führt die Tour nun um den Liedberg herum. Vorbei an Obstplantagen fahren wir nach Steinforth-Rubbelrath. Obwohl es ein Doppeldorf ist, leben hier trotzdem nur knapp 700 Menschen. Nicht viel los, schön ist es trotzdem. Auf dem Radweg, der geschottert links der Landstraße verläuft, rollen wir leicht bergab. Im Wald auf der rechten Seite liegt versteckt unser nächster Halt, das Schloss Dyck mit seinen weitläufigen Parkanlagen.

SCHLOSS DYCK Auf den Touren in diesem Buch kommt man an einigen Wasserburgen und -schlössern vorbei. Schloss Dyck spielt, wenn man so will, in einer eigenen Liga. Das erkennt man schon am großen Parkplatz und dem Vorplatz mit diversen Shops, wie einem Obst- und Pflanzenverkauf und natürlich dem Ticketverkauf. Um die Anlage zu sehen, muss man Eintritt bezahlen. Praktisch: E-Biker können an einer öffentlichen Station auf dem Vorplatz ihre Akkus aufladen. Die Schlossanlage ist beeindruckend und als Zentrum der Gartenkunst und Landschaftskultur für Menschen, die sich für diese Themen interessieren, unbedingt sehenswert (siehe Tipp).

NIKOLAUSKLOSTER Entlang an den Obstplantagen von Schloss Dyck kommen wir nach etwa 1,5 Kilometern beim Nikolauskloster an. Das Kloster ist sozusagen das Kontrastprogramm zum Schloss Dyck, das mit seinen Shops, dem Hotel, Restaurant und zahlreichen Events komplett professionalisiert ist. Im Nikolauskloster und dem angrenzenden Park herrscht eine stille und zurückgezogene Atmosphäre. Dabei gibt es auch hier Übernachtungsmöglichkeiten und ein Lokal. Es ist eine einfache und günstige

↑ Das Nikolauskloster bei Schloss Dyck
↗ Kunstwerk bei der ehemaligen Raketenstation von Eduardo Chillida

Cafeteria, die gut zur gesamten Anlage passt. Im Kloster leben noch einige Brüder der Oblaten, die es sich zur Aufgabe gemacht haben, junge Männer zu unterstützen, die nach Orientierung für ihr weiteres Leben suchen.
Um unsere Tour fortzusetzen, fahren wir nochmal ein kleines Stück in Richtung Schloss Dyck zurück und biegen dann links ab in den kleinsten Ortsteil, der zu Jüchen gehört, nach Damm. Das hübsche Dorf gehörte ab dem ausgehenden 14. Jahrhundert zu Dyck. Wir rollen durchs Dorf und weiter auf einem asphaltierten landwirtschaftlichen Weg zwischen den Feldern in südliche Richtung nach Kapellen. Vom Ort bekommen wir aber nur einen kleinen Teil des Gewerbegebiets mit, weil die Strecke gleich wieder über die Felder führt.

ZUR RAKETENSTATION HOMBROICH

Der Lindenweg steigt erst leicht an, vorbei am Vockrather Acker, wo häufig Drachen- und Gleitschirmflieger zu sehen sind, die von hier aus starten. Auf dem schnurgeraden Sträßchen fühlt man sich wie auf einem Hochplateau. Oft weht hier ein kräftiger Wind und man hat einen großartigen Rundumblick über die gesamte Region.
Bald sind interessante Betonbauten zu sehen. Sie liegen zum Teil versteckt hinter Bäumen und könnten gut die Kulisse eines James-Bond-Films sein, etwa für ein geheimes Forschungslabor. Woran an der Raketenstation Hombroich – einer ehemaligen NATO-Basis – jedoch gearbeitet wird, sind keine geheimen Raketen, sondern Kunst- und Kulturprojekte. Kunstinteressierte können sich die Ausstellungen in der Langen Foundation anschauen und in der Skulpturenhalle Neuss, die von der Thomas Schütte Stiftung erbaut und bespielt wird. Im Keller der Halle, die von Thomas Schütte entworfen wurde, hat der Künstler ein Lager für seine eigenen Arbeiten.

Blick übers Land – in der Ferne wird Braunkohle zu Strom

RITTERGUT BIRKHOF Vorbei an einem Feld, auf dem man sich seinen eigenen Kohlkopf ernten kann, führt der Weg etwas im Zickzack nach Lüttgenglehn. Vor den Toren des Dorfs liegt das ehemalige Rittergut Birkhof. Zur weitläufigen Anlage gehören nicht nur ein Golfplatz und ein Restaurant, sondern auch das **Café zum Tulpenfeld** – unser Tipp für diese Tour.

Nach der verdienten Pause bleiben wir den asphaltierten schmalen Wegen, die zwischen weiten Feldern entlangführen, treu. Bei Büttgen müssen wir ein Stück neben der Bundesstraße fahren, aber zum Glück ist es nur ein kurzes Stück, bevor wir wieder einen ruhigen Landweg nutzen können. Der führt uns wieder nach Kleinenbroich, das wir nun vom Süden her ansteuern und zum Start- und Endpunkt, dem Bahnhof, fahren.

INFO

AUSGANGS-/ ENDPUNKT
Bahnhof Kleinenbroich

HÖCHSTER PUNKT
76 m

TIEFSTER PUNKT
41 m

ANFAHRT
S 8

PARKEN
Bahnhof Kleinenbroich

Mittel	30 km	100 Hm	2.10 Std.

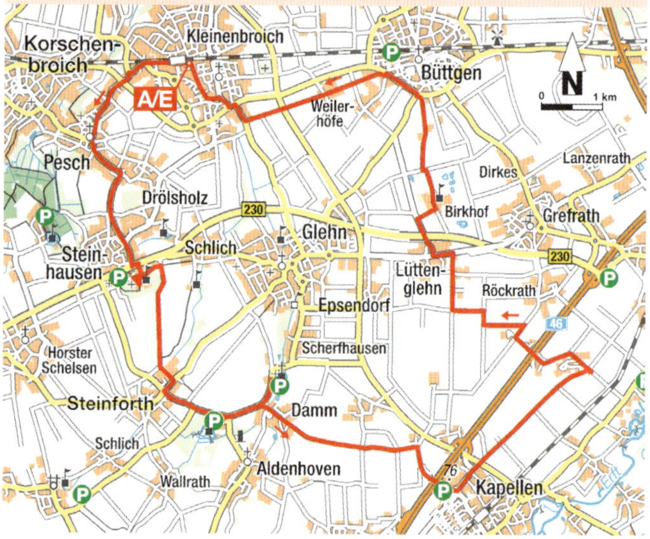

↑ Das ehemalige Speicherhaus des Ritterguts Birkhof ist ein romantisches Café mit gemütlicher Terrasse.
↓↘ Die Torten des Cafés kommen aus der Familienkonditorei – ein Grund mehr für einen Stopp.

CAFÉ ZUM TULPENFELD

Die Sonnenterrasse mit Blick über den Teich ist ein beliebtes Ziel für Radlerinnen und Radler. Kein Wunder, denn nicht nur der Ausblick und die Stimmung sind einladend, sondern auch die köstlichen Torten und Kuchen. Die werden in der hauseigenen Familienkonditorei gebacken. Familie Wegel, die das Café zum Tulpenfeld auf Rittergut Birkhof seit 1987 führt, passt die Auswahl immer der Saison an. Wer es herzhaft mag, kann auf Folienkartoffeln, Salat oder andere einfache Speisen ausweichen. Auch sehr beliebt: Das reichhaltige Frühstück, das auf Etageren serviert wird. An kühleren Tagen sitzt man gemütlich im rustikalen Innenraum des historischen Giebelspeichers.

Rittergut Birkhof, 41352 Korschenbroich,
Tel. 02131/20 64 83,
www.birkhof.de,
Di–So 10–17 Uhr

AN DER ERFT ENTLANG, ÜBER KLOSTER LANGWADEN ZUM KLOSTER KNECHTSTEDEN

Auf dem Klostertrip

Auf dieser Rundtour im Süden von Neuss folgt ein historisches Monument aufs andere: Mühlen, Klöster und ein Schloss gibt es zu sehen. Dazwischen liegen besonders schöne Radstrecken wie entlang der Erft und durch das Waldnaturschutzgebiet Knechtsteden.

16

Ein barockes Torhaus markiert das weiträumige Areal von Kloster Knechtsteden.

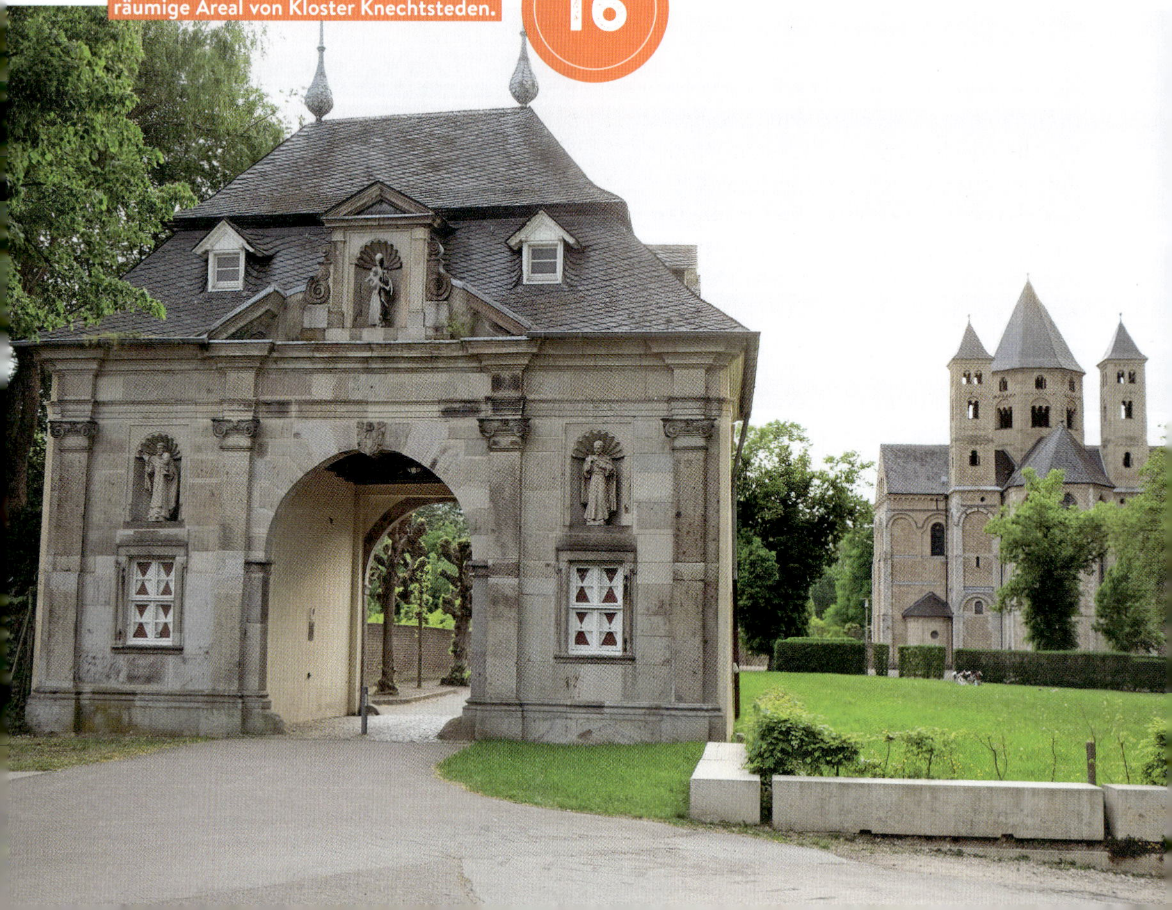

So schön und fast noch ein Geheimtipp – der Erft-Radweg

ERST EINMAL ZUR ERFT Der Bahnhof Norf liegt zwischen den Neusser Ortsteilen Norf und Derikum. Hier hält die S 11, die zwischen Köln und Düsseldorf Flughafen pendelt. Für diese Tour ist der Bahnhof ein perfekter Ausgangspunkt: Nach wenigen Minuten ist man mit dem Fahrrad auf dem schönen Erft-Radweg. Wir treffen auf den insgesamt 110 Kilometer langen Radweg kurz vor der Mündung des Flusses in den Rhein. Wer mag, fährt die rund zwei Kilometer bis zur Mündung und kommt dann wieder zurück (siehe Tipp).
Auf der Hauptroute dieser Tour geht es jedoch flussaufwärts. Ein kurzes Stück nach der Unterführung unter der Autobahn A 57 fließt das Wasser so bewegt wie in einem Wildbach. Das soll auch so sein, damit die Kanu-Fahrerinnen und -Fahrer hier trainieren können. Über dem Fluss hängen an Schnüren Stangen herab, es sind die Tore des Wildwasserparcours.

GUT GNADENTAL Das alte Gebäude auf der Flussseite, wo der Radweg verläuft, ist die ehemalige Gnadentaler Mühle. Auf der anderen Seite liegt das restaurierte Gut Gnadental, das ursprünglich ein Zisterzienser-Kloster war und Mitte des 13. Jahrhunderts gegründet wurde. Heute werden die Räume als Büros und für Seminare genutzt.
Die jetzt folgenden Kilometer sind ein großes Vergnügen. Schön, dass der Erft-Radweg nicht so überlaufen ist wie andere Flussradwege. Am Selikumer Park entlang verläuft der Flussradweg immer nah am Wasser. Mal ist es waldig, dann sind es Obstwiesen, die den Weg säumen.

Tipp

ZUR ERFTMÜNDUNG

Von den insgesamt 110 Kilometern des Erft-Radwegs werden bei dieser Tour fünf Kilometer befahren, sie liegen im letzten Abschnitt des Radwegs. Wer auch die beiden letzten Kilometer bis zur Mündung sehen möchte, fährt beim Einstiegspunkt in das Erfttal rechts in Richtung Erftmündung. Die liegt zwischen Grimlinghausen und Neuss-Gnadental. Die Tour wird so insgesamt fünf Kilometer länger. Wer sich für den gesamten Erft-Radweg interessiert: Der Radweg lässt sich in zwei Tagen gut bewältigen. Fast die gesamte Strecke führt er am Flüsschen entlang und lockt mit vielen Sehenswürdigkeiten. Zuletzt war jedoch der Abschnitt zwischen Kerpen und Bad Münstereifel infolge der Flutkatastrophe vom Sommer 2021 noch nicht wieder freigegeben (www.rhein-erft-tourismus.de).

Diesen Kanal haben die Teichlinsen übernommen – beim Kloster Langwaden.

ERPRATHER MÜHLE Anders als die Gnadentaler Mühle ist die Erprather Mühle noch in Betrieb. Auch wenn sie nicht so aussieht, die Ursprünge der Mühle liegen ebenfalls im 13. Jahrhundert. Auf dem Erft-Radweg ist die Mühle, wo sich das Wasser breit aufstaut, ein markanter Punkt. Hier fährt man ein kurzes Stück auf der Bundesstraße, vielleicht 200 Meter, bevor der Weg wieder längs des Flusses verläuft.
Das Schaulaufen der Mühlen geht weiter. Nächster Spot: die Eppinghovener Mühle. Wie in Gnadental ist die historische Anlage viel mehr als eine Mühle, nämlich ein ehemaliges Kloster. 1214 gegründet, erst ein Zisterzienserkloster, später eine Nonnenabtei, dann ein Damenstift – die Anlage hat eine bewegte Geschichte hinter sich. Ein wenig von ihrem Glanz verströmt noch das prächtige Torhaus.

SCHLOSS HÜLCHRATH Wir könnten jetzt noch ein Stück weiter auf dem Erft-Radweg bleiben – so wie auf der Tour 12. Hier wählen wir jedoch eine andere Richtung und Route und biegen auf die Bergheimer Straße ein. Dort folgen wir der Bundesstraße auf knapp zwei Kilometern auf einem von der Straße abgetrennten Radweg. Über Nebenstraßen und landwirtschaftliche Wege nähern wir uns dem nächsten Highlight. Die Region im Süden von Neuss ist nicht nur reich an Klöstern, sondern auch an Wasserschlössern. Ein besonders schönes Exemplar ist Schloss Hülchrath. Das trutzige Gemäuer mit seinen Türmen und Türmchen sieht aus, als hätte es die Jahrhunderte mit ihren Kriegen und Zerstörungen heil überstanden. Ganz so ist es nicht: Das mittelalterliche Erscheinungsbild ist sozusagen eine Burg im Retro-Look. Im frühen 20. Jahrhundert wurde die Schlossanlage im neogotischen Stil wiederaufgebaut. Auf dieser Tour entkommt man der Vergangenheit

Gehörte ursprünglich zu einem Zisterzienserkloster – die Eppinghovener Mühle

nicht. Warum auch? Ein paar Kilometer durch die Felder radeln und immer wieder spannende alte Gebäude mit Geschichte sehen oder besichtigen, ist eine angenehme Art, eine Region zu erleben. Was damit auch gesagt werden soll: Nur wenige Kilometer weiter gibt es schon wieder etwas zu entdecken, zur Abwechslung mal ein noch bewohntes Kloster. Umgeben von einem Park liegt Kloster Langwaden beim gleichnamigen Ort. 1173 wird das Kloster erstmals erwähnt, damals war es ein Doppelkloster, in dem Mönche und Nonnen lebten, was später verboten wurde.

KLOSTER LANGWADEN Um die lange Geschichte etwas abzukürzen – seit 1961 leben wieder Mönche im einzigen eigenständigen Männerkloster im Erzbistum Köln. Die derzeit sieben Mönche leben nach den Regeln des heiligen Benedikt und den Gebräuchen des Zisterzienserordens, wie sie auf ihrer Website schreiben. Menschen, die einige Tage Ruhe oder das Gespräch mit den Mönchen suchen, steht ein Gästehaus zur Verfügung. Noch eine kurze Rast im schönen Biergarten des Klosterrestaurants?
Nach Kloster Langwaden verläuft die Route einige Kilometer auf einer ruhigen Landstraße. In Ramrath machen wir einen kleinen Schlenker zum Gillbach, der malerisch durchs Dorf fließt. Im nächsten Dorf, in Hoeningen, biegen wir wieder ab auf einen landwirtschaftlichen Weg und dann auf eine ehemalige Bahntrasse. Beim Solarpark Broich, der auf einer ehemaligen Deponie errichtet wurde, taucht die Route in das Waldnaturschutzgebiet Knechtsteden ein.

KLOSTER KNECHTSTEDEN Es ist ein schönes und stilles Areal, in dem man sich leicht Pilger vorstellen kann, die hier in früheren Jahrhunderten zum Kloster Knechtsteden gewandert sind und vielleicht weiterwollten, auf einem der vielen Jakobswege ins ferne Santiago de Compostela. Nach all den alten Gemäuern, die auf dieser Tour auf dem Weg lagen, ist Kloster Knechtsteden sicherlich der Höhepunkt. Die romanische Basilika lädt für eine kurze Besichtigung ein, ehe man sich im Restaurant **Klosterhof Knechtsteden**, eine ausgiebigere Pause verdient hat.

Auf der Karte ist gut der alte Verlauf des Rheins zu erkennen, der einmal durch diese Gegend geflossen ist. Unser Weg folgt in etwa den alten Mäandern, die oft besonders schöne und artenreiche Naturräume sind. Die vielfältige Vogelwelt ist besonders beeindruckend. Auch Norf lag einmal direkt an einem Rheinarm. Unsere Tour folgt dem ehemaligen Flusslauf um den Ortskern von Norf herum, bis wir schließlich zu den Bahngleisen kommen und der Bahnhof – unser Start- und Endpunkt – schon in Sichtweite liegt.

INFO

AUSGANGS-/ ENDPUNKT
Bahnhof Norf

HÖCHSTER PUNKT
64 m

TIEFSTER PUNKT
38 m

ANFAHRT
S11

PARKEN
Bahnhof Norf;
Parkplatz Kloster Langwaden;
Parkplatz Kloster Knechtsteden

Mittel | **37 km** | **100 Hm** | **2.50 Std.**

↑ Ein Gasthaus mit langer Geschichte – und schöner Außenterrasse

↓↘ Klassische regionale Küche schmeckt hier im rustikalen Ambiente besonders gut.

KLOSTERHOF KNECHTSTEDEN

Das ehemalige Gästehaus des Klosters ist ein ebenso schönes wie beliebtes Ausflugslokal. Innen sitzt man gemütlich in den hohen alten Gasträumen – und draußen in einem lauschi gen Biergarten. Das kulinarische Aushängeschild ist der Knechtstedener Senfrostbraten, der mit Bratkartoffeln und Speckbohnen serviert wird. Für den kleinen Hunger bieten sich zum Beispiel eine Tomaten- oder Kartoffelsuppe, Ofenkartoffeln oder ein Brotzeitteller an. Eine lokale Brauspezialität ist das Knechtstedener Schwarzbier, das es nur im alten Klosterhof gibt.

Klosterallee 1, 41540 Dormagen,
Tel. 02133/80745,
www.klosterhof-knechtsteden.de,
Mi–So 12–22 Uhr

Das Murbachtal – in diesem Teil wurde der Bachlauf bereits renaturiert.

17

DURCH DIE OHLIGSER HEIDE ZUR DIEPENTAL-SPERRE UND ÜBERS FLACHE LAND ZURÜCK

Abstecher ins Bergische Land

Durch Wälder und auf Waldwegen, einige wenige steile Anstiege und Abfahrten sowie entspanntes Radeln in der Ebene – diese Tour vereint viele Gegensätze und bietet gerade deshalb viele Erlebnisse.

RAUS HIER BITTE Hilden mag ja ganz nett sein. Doch nach der Ankunft am Bahnhof Hilden Süd – der Haltepunkt wird von der S 1 angefahren – drängt es uns ins Grüne. Noch ein wenig am Bahndamm entlang und dann ist da auch schon ein Bauernhof – ein gutes Zeichen, dass es bald mit dieser nicht ganz so erfreulichen Stadtlandschaft ein Ende hat. Und ja, tatsächlich, nachdem wir die Autobahn A 3 unterquert haben, führt der Weg wirklich ins Grüne. Erst einmal sogar ins Dunkelgrüne, nämlich an einer Plantage mit Weihnachtsbäumen vorbei.
Wenn man sich den Abschnitt, auf dem wir uns gerade befinden, von oben anschaut, also auf der Karte im Smartphone oder dem Bike-Navi, erkennt man wieder dieses verrückte Nebeneinander: Da ist die viel befahrene Autobahn, der Rastplatz Ohligser Heide, auf dem höchstwahrscheinlich Lkw an Lkw steht. Und wir sind gerade mal 150 Meter Luftlinie entfernt und stehen in einer Natur, die aussieht, als befände man sich hoch im Norden, zum Beispiel in der Lüneburger Heide.

EINMAL DURCH DIE OHLIGSER HEIDE
Hier im Südosten ist natürlich nicht die Lüneburger, sondern die Ohligser Heide – nicht ganz so bekannt, aber auch schön. Und das Beste: praktisch vor der Haustür. Einfach in die Pedale treten und genießen. Dieses Stück Natur ist einfach großartig. Hier wechseln sich Feuchtheide mit Moor- und Bruchwald ab. In den feuchten Niederungen liegen Heideweiher und Fließgewässer mit Röhricht. Trockenheide, offene Sandflächen, Eichen- und Birkenwälder sind in den etwas höher gelegenen Bereichen zu fnden.
Erst einmal steuert unser Weg auf den Drei-Insel-Teich zu, der seinen Namen von – wer hätte das gedacht – drei kleinen Inseln hat.

Auf guten Radwegen durchs flache Land bei Hilden

Verwunschener Ort – die Wasserburg Haus Graven

Kurz darauf geht es am Freibad Heide vorbei, auch ein Highlight für alle, die hier wohnen. Ebenfalls ein Familienhighlight ist der große Abenteuerspielplatz Engelsberger Hof, an dem die Route nun vorbeiführt. Sozusagen das Wahrzeichen der Anlage ist die alte Dampfspiellok »Schnaufi«.

ZUR WASSERBURG Ein Spielplatz für die etwas älteren Jungs und Mädchen ist das große Flugfeld des Segelflugplatzes Langenfeld. An Wochenenden sieht man hier häufig Segelflugzeuge, die an einer Seilwinde in den Himmel gezogen werden. Jedes Jahr am ersten Septemberwochenende findet ein Flugplatzfest statt, bei dem auch Kunstflieger tollkühn durch die Luft wirbeln und Oldtimerflugzeuge durch den Himmel donnern. Gleich nach dem Segelflugplatz kommen wir zum Lokaltipp dieser Tour.
Es ist das **Burgcafé** in der Wasserburg Haus Graven. Die Anlage wurde ursprünglich wohl im 13. Jahrhundert erbaut. Mittelalterlich-romantisch liegt das alte Gemäuer umgeben von Wasser und Wald da. In seinen Räumlichkeiten findet sich nicht nur das Burgcafé, sondern auch eine Bildungsstätte für Umwelt- und Klimaschutz und Platz für kulturelle Veranstaltungen.

ÜBER DIE WUPPER Wer nach all den Waldwegen Sehnsucht nach Straßen und Wohngebieten entwickelt hat, darf sich freuen. Wiescheid sorgt für Abwechslung. Nach der Unterführung unter den Bahngleisen ändert sich auch das Terrain. Es wird bergiger, oder nein, bergischer, schließlich kommen wir jetzt in die Ausläufer des Bergischen Lands. Im leichten Auf und Ab schlängelt sich die Wipperauer Straße dahin. In einer Kehre verlassen wir sie und steuern direkt auf die Juckelbrücke zu. Sie führt Fußgänger und Radfahrer über die Wupper. Der Weg folgt nun ein kleines Stück dem Fluss, dessen Tal sich langsam verengt. Ja, nun ist es so weit: Es beginnt der anstrengende Teil der Tour, der aber auch – und sonst wären wir auch nicht hier – ein landschaftliches Erlebnis ist.

AUF INS BERGISCHE LAND Also rechts ab und den Berg hinauf. Der ist so steil, dass man ohne Elektroantrieb schieben muss. Macht nichts, das Stück ist nicht allzu lang und während des Aufstiegs kann man Rehen beim Äsen zuschauen. Die Tiere haben ihr Zuhause auf einer Weide am Hang, in deren Mitte ein kleines Hexenhaus wie aus dem Märchen Hänsel und Gretel steht. Keine Ahnung, wie das dahin kommt.
Nun geht es auf und ab auf dem Höhenzug und wenn man etwas in Richtung Südwesten schaut, sieht man Leverkusen und Köln. Den Städten ist man hier näher als Düsseldorf. Sind die Bremsen in Ordnung? Besser ist das, denn ins Diepental geht es steil bergab. Unten angekommen, wartet die Gastwirtschaft Diepental mit Kioskverkauf und die Talsperre mit dem aufgestauten Wasser des Murbachs. Das Tal darf also mit gleichem Recht Murbachtal genannt werden. Das über 100 Jahre alte Erholungs-

Tipp

SINNESWALD

Bereits seit 30 Jahren gibt es im Leichlinger Murbachtal ein ganz besonderes Kunstmuseum. Im Wald, bei einem alten Steinbruch oder in der Nähe des Bachs, haben meist Künstlerinnen und Künstler aus der Region Skulpturen errichtet. Die rund 50 Objekte nehmen Bezug zum Ort, an dem sich die Arbeiten befinden, und zum Ausstellungsthema. Da das Thema jedes Jahr wechselt, sind auch immer neue Kunstwerke zu entdecken. Feste Öffnungszeiten gibt es ebensowenig wie ein Kassenhäuschen am Eingang. Besucher werden gebeten, eine Spende im »Danke-Stein« zu hinterlassen (www.sinneswald.net).

↓ Rotwild im Bergischen Land
↘ Durchs stille Murbachtal

gebiet mit altem Freibad und Bootsverleih ist im Umbau. Der Murbach wird renaturiert, was man vor allem bachabwärts gut sehen kann.

DURCHS SCHÖNE MURBACHTAL Die Tour folgt nun dem Bachlauf erst südlich, dann nördlich. Der Untergrund ist etwas holprig, lässt sich aber gut befahren, wenn man es nicht zu schnell angeht und die Schlaglöcher im Blick behält. Das Murbachtal – ich nenne es jetzt so – ist wunderschön und erstaunlich ruhig. Jedenfalls ist es erstaunlich, wie wenig Wanderer und Radler hier unterwegs sind.

Der Weiler Wietscher Mühle wirkt auch wie aus der Zeit gefallen. Das wunderbar nostalgische Gasthaus hat anscheinend bis auf Weiteres den Betrieb eingestellt. Falls nicht, es lohnt sich, hier eine Rast einzulegen. Kurz darauf kommen wir am Sinneswald vorbei, einem Skulpturenpark, der im Tipp genauer beschrieben wird.

Im Leichlinger Ortsteil Balken ist es dann vorbei mit dem bergischen Waldidyll. Wir sind wieder zurück in der Zivilisation mit vielen Häusern, vielen Straßen und vielen Autos. Deswegen bahnen wir uns über Nebenstraßen und durch Wohngebiete unseren Weg. Wir fahren am Further Moor vorbei, überqueren die A 542 und radeln durchs flache Land an einem ehemaligen Baggersee neben dem anderen vorbei. Und das geht so lange gut, bis wir wieder in Hilden ankommen und die S 1 schon ungeduldig am Gleis wartet.

INFO

AUSGANGS-/ENDPUNKT
Bahnhof Hilden Süd

HÖCHSTER PUNKT
180 m

TIEFSTER PUNKT
50 m

ANFAHRT
S1

PARKEN
Parkplatz Hilden Süd, Am Lindenplatz

Mittel | 36 km | 270 Hm | 2.50 Std.

↑ Im Innenhof der Wasserburg Haus Graven ist die Café-Terrasse. ↓↘ Ein Gläschen Sekt zur Ankunft? Kann passieren, wenn gerade eine spendable Hochzeitsgesellschaft im Festsaal feiert.

BURGCAFÉ

Das Burgcafé der Wasserburg Haus Graven lebt von dem wundervollen Ambiente, einer Mischung aus Waldnähe, Kultur und historischem Ort. Der geschützte Innenhof lädt zum Verweilen, Feiern und Genießen ein. Die drei Betreiber des Cafés freuen sich, dass sie schon viele Stammgäste haben. Ein Grund dafür sind zum Beispiel Schmandkuchen, Baskischer Käsekuchen mit Früchten, Birnen-Mandel-Tarte, Streuselkuchen, Schoko-Tarte mit Eis oder Apple-Crumble. Mit Herz und Hand gebacken, darauf kommt es an, sagen die drei. Neben Süßem können die Radler auch Herzhaftes wie das Vesperbrett mit verschiedenen Käse- und Schinkenspezialitäten, wie dem luftgetrockneten Wacholderschinken vom Albschwein, genießen.

Haus Graven 1, 40764 Langenfeld,
Tel. 0170/4812784,
www.burgcafe-langenfeld.de,
Sommer: Do–So 10–18, Herbst: 10–17 Uhr

BENRATH, ZONS UND DIE WILDEN AUEN

In Schönheit gealtert

Schloss Benrath, die Urdenbacher Kämpe, eine Fährfahrt und das mittelalterliche Zons – es gibt so viel zu sehen und entdecken. Einfach nur durchhetzen wäre bei dieser entspannten Runde viel zu schade.

18

Am breiten Strom – bei Benrath macht der Rhein die Biege.

VOM BENRATHER BAHNHOF bis zum Schloss Benrath ist es nur ein Katzensprung. Erst einmal etwas Strecke machen? Oder lockt das bonbonfarbene Lustschloss und Sie möchten doch erst einmal Schloss Benrath besuchen? Wie auch immer – am Schluss der Tour kommen wir hier wieder vorbei. Erstaunlich schnell haben wir auch die wenigen Straßen durchquert, bis wir im Süden des Düsseldorfer Stadtteils in eine Art Urwald eintauchen. Keine Sorge, der geschotterte Weg lässt sich gut befahren. Hindernisse sind eher Männer in Tarnkleidung, die sich am Wegrand postiert haben und mit riesigen Teleobjektiven auf Fotojagd sind. Um den Vorwurf zu entkräften, hier würden geschlechterspezifische Klischees bedient, möchte ich darauf hinweisen, dass sich unter den Birdwatchern und Naturfotografen durchaus auch Frauen befinden, allerdings scheinen sie an Kleidung in Camouflage weniger Gefallen zu finden.

Stadtmauer mit Wachtürmen in Zons

AM ALTRHEIN Aber eigentlich sind die Birdwatcher gar kein Hindernis, viel mehr darf man vermuten, dass es dort, wo sie hinschauen, etwas zu entdecken gibt. Und tatsächlich, in diesem verwunschenen Wald oder Wildwuchs, der sich über trüben und stehenden Gewässern auftut, wurden schon Nachtreiher gesichtet, Neuntöter, Schwarzkehlchen, Steinschmätzer, Rostgans, Gimpel, Zwergtaucher, Stieglitz, Waldkauz, Wanderfalken, Goldammer, Grünfink, Kleiber, Grasmücke und so weiter. Das sind nur einige der Vögel, die eifrige Birdwatcher in diesem Jahr gesichtet und gemeldet haben. Das Wasser, an dem wir gerade vorbeifahren, ist übrigens ein ehemaliger Rheinarm. Die Urdenbacher Kämpe ist das größte Naturschutzgebiet der Stadt und vielleicht, was seine Vielfalt angeht, auch das spannendste. Diese alte niederrheinische Kulturlandschaft werden wir etwa eine halbe Stunde lang durchfahren. Genießen Sie es – und vor allem, kommen Sie auch mal zu einer anderen Jahreszeit hierher. Blühende Obstbäume und blühende Wiesen im Frühjahr, das gefärbte Laub im Herbst, das markante Totholz, das sich im Winter vor einem grauen Himmel abzeichnet – das Gebiet ist zu jeder Zeit ein Erlebnis.

RÖMISCHES KASTELL Etwa bis Mitte des 14. Jahrhunderts soll der Rhein in diesem Schwung seinen Weg zum Meer gesucht haben. Das heißt auch, das alte Gut, Haus Bürger, das wir bald erreichen, lag damals auf der linksrheinischen Seite. Bevor der Rhein begradigt wurde, hatte er immer wieder seinen Lauf verändert. Vermutlich hat ein Hochwasser im 14. Jahrhundert dazu geführt, dass der Fluss an einer Schmalstelle eines Bogens durchbrach und sich ein neues Bett formte. Im Auengebiet sind seltene Apfel- und Birnensorten heimisch. Einige davon wachsen

Tipp

HAUS BÜRGEL

Halt, nicht einfach vorbeifahren. Der alte Gutshof, der da so malerisch in der Urdenbacher Kämpe liegt, ist nicht irgendein Bauernhof. Seine Geschichte ist rund 2000 Jahre alt. Sie beginnt mit den Römern, die hier im 1. Jh. n. Chr. ein Kastell errichten. Wie das vermutlich aussah – und noch immer in Teilen der Anlage zu entdecken ist – das wird in einem kleinen Museum erklärt. Aber nicht nur das Museum ist interessant. Rund ums Haus wachsen Äpfel der Sorte Kaiser Wilhelm, die möglicherweise hier gezüchtet wurden. Und es grasen meist Pferde auf den Weiden, denn Haus Bürgel ist auch eine Pferdepension und Kaltblutzucht (Sa–So, Fei 10–18 Uhr, Dez. und Jan. geschl., www.hausbuergel.de).

direkt bei Haus Bürgel, das eine Biologische Station ist, eine Kaltblutzucht und ein Römisches Museum – Letzteres aus gutem Grund: Die Anlage geht auf ein römisches Kastell zurück (siehe Tipp).

Mit der Fähre über den Rhein Hier, nah am Rhein wird es waldiger. Ein breiter, gut zu befahrender Schotterweg führt bald zur Fähre. Dort setzen wir über nach Zons – vermutlich mit vielen anderen Radlerinnen und Radlern. Finden Sie nicht auch, dass hier an Bord eine aufgeregte Stimmung herrscht, fast so, als würde man zu einer großen Reise aufbrechen? Mit einer Fähre überzusetzen, finden eben nicht nur Kinder toll. Vor allem dann nicht, wenn auf der anderen Seite ein mittelalterliches Städtchen wartet, beziehungsweise unser Lokaltipp, das alte **Fährhaus Zons** mit seiner schönen Außenterrasse und dem herrlichen Blick auf den Fluss.

Das war mal der Rhein – heute ein artenreiches Naturwunderland.

Klein-Versailles am Rhein – das Schloss Benrath

INS MITTELALTER Zons ist von einem Wall und noch weitgehend von einer Stadtmauer umgeben. Die stammt aus dem 14. Jahrhundert, als der Ort zur Zollfeste ausgebaut wurde. Gleich neben dem alten Zollhaus, wo für das Kölner Domkapitel der Zoll von den Rheinschiffern eingezogen wurde, rollen wir durchs Rheintor in den mittelalterlichen Stadtkern. Zum malerischen Ensemble gehören noch eine Kapelle, die in die Stadtmauer integriert ist, und der hohe Rheinturm. Die schiefen Fachwerkhäuser und alten Wachtürme machen die Rheinstraße, die sich nun anschließt, zu einer der sehenswertesten Straßen des Orts. Das Rothenburg des Rheins hat man schnell erkundet, da sind noch der Juddeturm, der seinen Namen von einem Kölner Adelsgeschlecht hat, eine alte Windmühle und die Reste von Burg Friedestrom. Die sollte nicht nur die Stadt und die Erhebung des Zolls sichern, sondern auch das Kölner Herrschaftsgebiet, das ihnen im Norden von den Grafen und späteren Herzögen von Berg streitig gemacht wurde, beschützen. Diese wiederum residierten unter anderem im Düsseldorfer Schloss, von dem heute noch der Schlossturm am Burgplatz in Düsseldorf erhalten ist. Die Rivalität zwischen Köln und Düsseldorf hat eine sehr lange Geschichte.

Und weiter geht's. Auf dem wenig befahrenen Nebensträßchen macht es wieder Spaß, in die Pedale zu treten. Wir fahren durch die Ortschaften Stürzelberg und St. Peter und dann auf dem nicht ganz so schönen Radweg neben der B 9. Etwa auf Höhe des riesigen Aluminiumwerks, wo Aluminiumvorprodukte für den Automobilbau, für Dosen und Folien hergestellt werden, biegen wir ab von der lärmenden Straße. Jetzt sind wir wieder am Rhein. Nach Uedesheim und der Auenlandschaft des Uedesheimer Rheinbogens fahren wir auf die riesige Fleher Brücke und sehen das Panorama der Rheinlandschaften und Orte aus einer ganz anderen Perspektive.

NACH HIMMELGEIST Wenn Ihnen mittlerweile das Trinkwasser ausgegangen sein

Die Allee führt zum Schloss Mickeln in Himmelgeist.

sollte: Gleich kommen wir beim Wasserwerk Flehe vorbei, wo aus drei Fischmäulern frisches Trinkwasser fließt. Im hübschen Himmelgeist sieht man wieder, wie ähnlich und doch anders es links und rechts des Rheins ist. Vielleicht liegt es schon daran, dass die roten Backsteinmauern einiger alter Höfe weiß gekalkt sind. Ein echtes Schmuckstück ist die Nikolauskirche, eine romanische Basilika aus dem 13. Jahrhundert, an der wir am Ortsausgang vorbeikommen. Danach erwartet uns wieder eine schöne Auenlandschaft, die wir auf unseren Rädern ganz exklusiv ohne Autos durchfahren dürfen.
Wie war das mit dem Schloss Benrath? Haben Sie es vorhin besucht? Falls nicht, gleich gibt es ist nochmal die Gelegenheit, bevor wir wieder am Bahnhof Benrath ankommen.

INFO

AUSGANGS-/ ENDPUNKT
Bahnhof Benrath

HÖCHSTER PUNKT
48 m

TIEFSTER PUNKT
38 m

ANFAHRT
S6

PARKEN
Parkplatz Urdenbacher Kämpe; Parkplatz Zons

Mittel	38 km	120 Hm	2.50 Std.

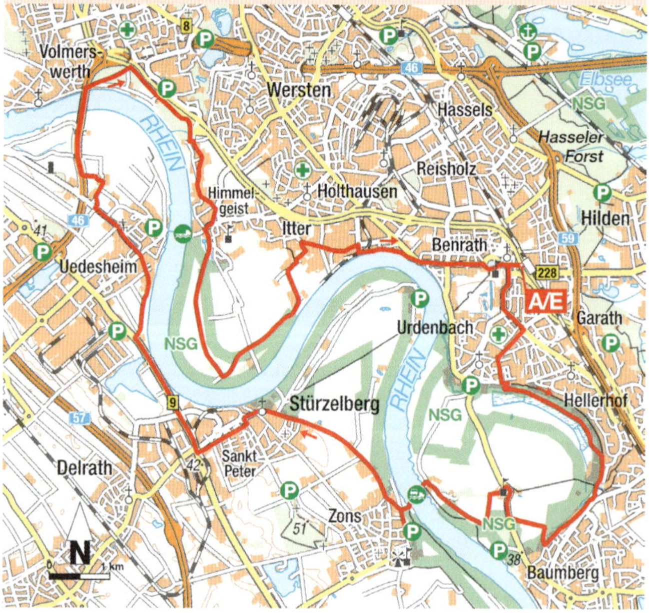

↑ Ein Fährhaus mit langer Geschichte – und Blick auf den Rhein

↓↘ Neues Interieur, neues Küchenkonzept – die bezahlbare gehobene Küche kommt gut an.

FÄHRHAUS ZONS

Das alte Fährhaus Zons etwas oberhalb des Anlegers begrüßt die Ankommenden schon seit vielen Jahren. Die Lage und der schöne Biergarten sprechen für sich.
2022 haben die Brüder Georgios und Chrysostomos Stratos die Leitung übernommen. Ihr Mix aus klassischer und moderner Küche überzeugt die Gäste. Schön, dass es auch einen Mittagstisch zu fairen Preisen gibt, dort werden Klassiker wie Linsensuppe oder Himmel & Äd serviert.
À la carte wird es feiner: Bei Ragout vom Eifelhirsch, Regenbogenforelle mit Zitronengras-Risotto und andere Köstlichkeiten wird die Rast gerne etwas länger. Das liegt natürlich auch an den freundlichen und aufmerksamen Gastgebern.

Herrenweg 39, 41541 Dormagen,
Tel. 02133/979 74 00,
https://faehrhaus-zons.eatbu.com,
tgl. 11–22 Uhr

Wald und Heidelandschaft – auch das gibt es im Umland von Düsseldorf

19

DURCH DIE OHLIGSER HEIDE NACH MONHEIM UND BENRATH

Traumtour im Süden

Etwa ein Drittel der Strecke führt durch Waldgebiete. Nicht nur das macht die Tour für sommerliche Temperaturen ideal. Im August blüht die Ohligser Heide, die tatsächlich eine echte Heidelandschaft ist. Auch sonst lässt sich zwischen Hochdahl und Langenfeld viel entdecken.

EISENBAHNMUSEUM Mit der Bahn angekommen? Dann werfen Sie doch noch einen Blick in den Lokschuppen Hochdahl. So heißt das Eisenbahn- und Heimatmuseum am S-Bahnhof Erkrath-Hochdahl. Der alte Lokschuppen, der auch häufig für Konzerte und andere Veranstaltungen genutzt wird, ist ein Relikt aus der Epoche der Privateisenbahnen – damals fuhren noch Züge der Bergisch-Märkischen Eisenbahn (1843 bis 1886). Auf dem Areal des Museums sind etliche alte Lokomotiven und Waggons abgestellt.
Egal ob Museumsbesuch oder nicht, die Tour beginnt am Bahnhof und führt erst einmal aus Hochdahl hinaus und das auf einem Radweg an der Bergischen Allee entlang. Da der Radweg aber immer wieder durch Bäume von der viel befahrenen Straße getrennt ist, bleibt es erträglich. Außerdem rollt es sich gut auf dem Asphalt, und es geht mit viel Speed bergab.

HILDENER STADTWALD Gleich darf man wieder erleben, wie nah beieinander einerseits Autobahnen und dichte Bebauung sind und andererseits die schönste Natur. Gleich hinter dem Autobahnkreuz Hilden verlässt die Route die breiten Straßen und biegt in den Hildener Stadtwald ab.
Freuen Sie sich auf eines der schönsten Naturerlebnisse rund um Düsseldorf: die Heidelandschaften im Süden der Stadt. Die Tour führt fast durch das gesamte Gebiet mit seinen unterschiedlichen Naturräumen. Die Waldwege sind perfekt zum Radeln geeignet, sogar, wenn es die Tage zuvor geregnet hat, kann man auf dem festen Boden gut fahren. Außerdem sind die Waldwege so breit, dass Spaziergänger und Radler keine gegenseitigen Aggressionen aufbauen.

OHLIGSER HEIDE Auf dem Weg durch den Wald kommen wir am Sandbach vorbei, der ganz gemächlich durch den Wald fließt und sich in einem Fischteich sammelt. Am nächsten Teich liegt das Waldbad Hilden. Nicht nur die Lage des Freibads ist außergewöhnlich, es hat auch einiges zu bieten: unter anderem einen 10-Meter-Sprungturm, ein 50-Meter-Becken und diverse Rutschen.
Nur ein kurzes Stück wird die Route von einem Wohngebiet in Hilden-Kalstert unterbrochen und schon taucht der Weg wieder in den Wald ein. Wir kommen jetzt in das Naturschutzgebiet Ohligser Heide. Auch wenn das Gebiet viel von seiner ursprünglichen Ausdehnung verloren hat, sind die Heidelandschaft, die Bruch- und Moorwälder, die sich hier zwischen Hilden, Solingen und Langenfeld ausdehnen, ein ganz besonderes Naturerlebnis.

FEUCHTHEIDE, BRUCH- UND MOORWALD Die offene Heidelandschaft verwandelt sich im August in eine blühende Fläche. Aber auch während der anderen Monate des Jahres ist es ein Fest, hier durchzufahren. Immer wieder informieren Infotafeln über die besondere Natur der Feuchtheide, des

Monheim am Rhein
mit dem alten Schelmenturm

Zur Ohligser Heide gehören auch weite Waldgebiete – mit schönen Radwegen.

Bruchwalds und des Moorwalds. Über die Segelflugzeuge, die kurz darauf auf einer weiten Wiesenbahn in den Himmel gezogen werden, steht dort nichts. Wer mehr über die leise und elegant fliegenden Kisten erfahren möchte, muss sich schon mit einem Flieger oder einer Fliegerin der Luftsportgruppe Erbslöh Langenfeld unterhalten, die hier an Wochenenden ihrem Hobby nachgehen. Kaum sitzt man wieder auf dem Sattel, taucht zwischen den Bäumen ein Gebäude auf, an dem man auch nicht einfach vorbeifahren kann. Es ist die Wasserburg Haus Graven. Mit ihrem einheitlichen und einfachen Naturstein, dem umschlossenen Innenhof und dem Wassergraben hat sie etwas Verwunschenes und Märchenhaftes. Im Innenhof ist ein nettes Café (siehe Tour 17). Tendenziell ändert sich jetzt die Himmelsrichtung: Wir fahren nun in südwestliche Richtung. Nachdem wir die A 3 überquert haben, umfahren wir Langenfeld und lernen dabei noch das schöne Further Moor kennen. Spätestens bei Reusrath verändert sich der Charakter der Landschaft: Es wird offener und weiter, der Wald ist verschwunden. Stattdessen führt die Strecke an diversen Baggerseen vorbei. Für eine Pause eignet sich der Hitdorfer See gut, am Wasser gibt es eine Wiese zum Liegen und einen Kiosk, der in den Sommermonaten geöffnet hat.

AUF DEM RHEINRADWEG In Hitdorf kommen wir an den Rhein, der hier einen ganz anderen Charakter hat, als im Norden von Düsseldorf. Vielleicht ist es auch nur eine Einbildung, aber hier im Süden ist man bereits im Einflussbereich von Köln und Leverkusen. Was beide Rheinabschnitte gemeinsam haben, ist die Chemische Industrie – so wie in Uerdingen im Norden, nutzt im Süden der Chempark Dormagen die Nähe zum großen Fluss. Auf einem bestens ausgebauten Radweg erreichen wir Monheim am

Rhein. Die Stadt hat in den vergangenen Jahren für Schlagzeilen gesorgt, weil es ihr gelungen ist, durch niedrigere Gewerbesteuern Unternehmen zu bewegen, sich hier anzusiedeln. Der gute Zustand der Radwege, die neue Uferpromenade sowie kleine autonom fahrende Busse im Stadtgebiet sprechen dafür, dass die Strategie erfolgreich ist. Im überschaubaren und sehenswerten historischen Ortskern liegt unser Ziel, das **Café mit Liebe**.

URDENBACHER KÄMPE UND BENRATH

Zu den landschaftlichen Highlights im Düsseldorfer Süden gehört unbedingt die Urdenbacher Kämpe. Die Auenlandschaft dieser ehemaligen linksrheinischen Schlinge wird von urigen Kopfweiden und Pappeln geprägt – und wenn man so will, auch von guten Radwegen, die erst am Rhein entlang und dann nach Benrath führen. Natürlich ist diese Tour so gelegt, dass auch das Benrather

Tipp

HISTORISCHER AALSCHOKKER

Dass sich mit Monheimer Steuergeldern auch Gutes für Radfahrerinnen und -fahrer machen lässt, sieht man an der Radstation, an der man seine Radreifen aufpumpen kann. Wenn es etwas zu Schrauben gibt – an langen Strippen hängt auch passendes Werkzeug. Die famose Station befindet sich neben einem etwas seltsamen Objekt am Ortsausgang von Monheim. Auf, nein, in einer schrägen Rampe aus Holzplanken liegt ein historischer Aalschokker auf dem Trockenen. Das restaurierte Holzschiff ist ein Museum, das von den Fischern erzählt, die früher Aale fingen und räucherten. Übrigens, bis in die 1990er-Jahre gab es in Monheim noch eine Aal-Räucherei (Aalfischerei-Museum auf der Fiat Voluntas, Klappertorstraße, 40789 Monheim am Rhein).

Urdenbacher Kämpe – die vielleicht schönste Auenlandschaft bei Düsseldorf

Schloss auf dem Weg liegt und man sich überlegen kann, noch einen Abstecher in den 612 000 Quadratmeter großen Schlosspark zu unternehmen.

AM SÜDUFER DES UNTERBACHER SEES

Ein bisschen was zu sehen gibt es noch. Nachdem wir uns wieder aus Benrath herausgekämpft haben, ist der Benrather Forst eine grüne Erholung. Erholung ist auch die Motivation wohl der meisten Besucher des Unterbacher Sees, den wir etwa zur Hälfte umrunden. Nach all den Highlights haut einen der See nicht wirklich aus den Socken. Mit seinen zwei Strandbädern, zwei Campingplätzen, den Seglern und Gastronomiebetrieben, Spielplätzen und Grillplätzen, wird dem Gewässer einfach zu viel zugemutet. Leichte Ernüchterung kommt auch bei der Steigung auf, die bis Hochdahl bezwungen werden will. Aber nach so vielen Erlebnissen und Eindrücken ist es nur gerecht, wenn zum Abschluss noch etwas gearbeitet werden muss. Also noch einmal beherzt in die Pedale treten. Zum Lohn gibt es eine entspannte Heimfahrt mit der S-Bahnlinie 8.

INFO

AUSGANGS-/ ENDPUNKT
Bahnhof Erkrath-Hochdahl

HÖCHSTER PUNKT
140 m

TIEFSTER PUNKT
30 m

ANFAHRT
S8

PARKEN
Bahnhof Erkrath-Hochdahl

Schwer	53 km	270 km	4.10 Std.

↑ Ein Café mit hauseigener Konditorin – das kann nur gut sein. ↓ Die Gründerinnen Miriam Winzer und Simone Windges ↓↘ Wer früh unterwegs ist, schafft es noch zum Frühstück.

CAFÉ MIT LIEBE

Dass ein mit Liebe zubereitetes Essen einfach besser schmeckt, ist bekannt. Weniger bekannt ist, dass dies auch auf für Kaffee und Kuchen gilt. So ein Café mit Liebe, das passenderweise im Herzen der Monheimer Altstadt liegt, hätte wohl jeder gern in seiner Nähe. Das Team um die Gründerinnen Simone Windges und Miriam Winzer tut alles, damit die Gäste glücklich werden. Einen großen Anteil daran hat die hauseigene Konditorin Lisa. Wer herzhaft bevorzugt, kann sich mal die Auswahl der gerösteten und belegten Brote anschauen oder die Suppe des Tages. Die Gründerinnen haben auch ein tolles Restaurant eröffnet. Das Bloomgold punktet mit bodenständiger französisch-internationaler Küche und liegt sogar noch etwas schöner, direkt an der alten Kirche St. Gereon.

Turmstraße 17, 40789 Monheim am Rhein, Tel. 0152/32 09 27 28, www.cafemitliebe.de, Di–So 9.30–17.30 Uhr

Kalk wird noch heute im Bergischen Land abgebaut.
Dieser Kalkofen an der Düssel brannte im 17. Jahrhundert.

IM OSTEN

Über Hügel und Höhen
und wildromantische Täler

Ein Freilichtmuseum? Fast. Gruiten-Dorf ist wie eine Reise in die Vergangenheit.

20

NACH GRUITEN-DORF DURCH TOLLE TÄLER

Zu den Urahnen

Das Stinderbachtal und das Neandertal muss man einfach gesehen haben. Und wenn dann noch eines der schönsten Dörfer als Ziel lockt – umso besser. Kleine Vorwarnung: Wo Täler sind, gibt's auch Berge. Auch der Untergrund ist teilweise anspruchsvoll.

ZWEI BAHNHÖFE Erkrath bietet S-Bahnfahrern einen besonderen Luxus: Es gibt nicht nur eine, sondern zwei Strecken, die durch die Kleinstadt im Westen Düsseldorfs führen – und zwei Haltepunkte. Die S 28 in Richtung Wuppertal hält am Bahnhof Erkrath Nord. Die S 8, die zwischen Hagen und Mönchengladbach verkehrt, hält am Bahnhof Erkrath – also dem Haltepunkt ohne Nord. Dort macht auch die S 68 halt, die die Strecke zwischen Wuppertal Vohwinkel und Langenfeld bedient. Wenn sie von hier aus starten, also dem Hauptbahnhof des Städtchens, das zu Mettmann gehört, dann schauen Sie doch noch mal zum alten Bahnhofsgebäude und versetzen sich ins Jahr 1838. Das ist schon so lange her, dass Eisenbahnen in Deutschland ungefähr so innovativ waren wie heute, sagen wir, Künstliche Intelligenz. Ach so, Deutschland gab es eigentlich noch gar nicht, jedenfalls nicht als Nationalstaat. Egal, der Bahnhof von Erkrath war einer der ersten in den Ländereien, die heute Deutschland sind.

Vielleicht geht es Ihnen wie mir. In Erkrath weiß man nie so genau, in welchem Jahrzehnt man sich gerade bewegt. Mal fühlt es sich nach den 1980er-Jahren an, dann wieder nach Gegenwart. Zwischendurch blitzt hier und da mal etwas renovierte Vergangenheit früherer Jahrhunderte auf. Aber das trifft eigentlich nicht nur auf Erkrath zu. Man kann dasselbe Gefühl auch in Ratingen, Mettmann, Wülfrath und anderen Gemeinden im Niederbergischen haben. Eigentlich auch auf der anderen Rheinseite am Niederrhein.

DURCHS STINDERBACHTAL Genug geredet, los geht's. Erkrath haben wir schnell hinter uns gelassen und das erste Highlight wartet schon, das Stinderbachtal. Auf einem asphaltierten Weg fahren wir an einem schönen alten Bauernhof vorbei, an zwei Fischteichen und unterqueren die A 3, die je nach

Hier lebten unsere Vorfahren – Kunstobjekt beim Neanderthal Museum

Lenker gut festhalten – jetzt geht es holprig bergab.

Tipp

UNSERE GESCHICHTE

Die Knochenfunde im Neandertal sind weltberühmt. In der Nähe des Fundorts unserer Ur-Urahnen wird die Geschichte der Menschheit von den Anfängen bis zur Gegenwart spannend und kurzweilig nacherzählt. An vielen Stationen des Museums kann man Dinge selbst ausprobieren – zum Beispiel schauen, wie man als Urmensch ausgesehen hätte. Ein echtes Highlight für Kinder – aber auch für Erwachsene. Kleine Kinder finden auch den riesigen Abenteuerspielplatz beim Museumsparkplatz großartig. Vom Bahnhof Erkrath aus, können Sie das Neanderthal Museum auch als Ziel einer kurzen kindertauglichen Radtour ansteuern. Die letzten vier Kilometer der Gesamttour wären dann sowohl der Hin- als auch der Rückweg. Übrigens, wenn Sie sich über die Schreibweise wundern, das Museum wird mit »h« geschrieben, so, wie es in der Zeit üblich war, als der Homo Neanderthalensis gefunden wurde. Die moderne Schreibweise ist ohne »h« (Talstraße 300, 40822 Mettmann, Di–So 10–18 Uhr, www.neanderthal.de).

Windrichtung für die entsprechende akustische Untermalung sorgt. Der Lärm des Fernverkehrs ist aber schnell vergessen, denn je weiter wir in das malerische Tal hineinfahren, desto schöner wird es. Gleich hinter der Autobahnbrücke beginnt eine wildromantische Auenlandschaft. Langsam, während wir moderat bergauffahren, wird sie zu einer Wiesenlandschaft mit Weiden und manchmal darauf grasenden Rindern in Mutterkuhhaltung.
Das urige Lokal in der Stinderbachmühle hat schon Generationen von Wanderern an Wochenenden glücklich gemacht. Leider ist es aktuell geschlossen. Vielleicht findet sich ja ein neuer Pächter, was ein echter Gewinn wäre, denn etwas Kräfte sammeln wäre jetzt gut. Warum? Es geht ein kurzes Stück steil bergauf. Wer schieben muss, hat genug Zeit, sich den schönen Bauernhof anzuschauen, an dem wir vorbeikommen. Weiter oben auf der Höhe geht der Blick weit über das Land. Da sind die Fleher Brücke, der Düsseldorfer Funkturm, ja sogar der Kölner Funkturm ist im Südwesten zu erkennen.

HEIMLICH DURCH METTMANN Wir fahren ein Stück auf und ab über die Höhen, kommen an einem Golfplatz vorbei, umkurven einen Bauernhof auf einem schmalen Pfad und biegen am Ortsrand von Mettmann, bei McDonald's, in ein Wohngebiet ab. Bei dem nun folgenden Radweg kann das Gefühl aufkommen, man würde sich heimlich in den Ort schleichen. Das liegt wohl daran, dass der Radweg auf der Rückseite von Einfamilienhäusern verläuft. Einen Blick werfen wir auch ins alte Wohnzimmer der Stadt. Viel Bergisches Fachwerk gruppiert sich im Kreis um die katholische Kirche St. Lambertus. Übrigens, wussten Sie, dass in Mettmann das älteste Kino steht, das bis heute in Betrieb ist? Das sagen jedenfalls die Betreiber des Weltspiegel Kinos, das seit 1907 in der Düsseldorfer Straße 2 existiert – nur rund 200 Meter von St. Lambertus entfernt.

AUF NACH GRUITEN-DORF Dieser Weg ist wirklich kein Highlight. Was soll's, da muss man durch. Besser gesagt, erst hoch und dann runter. Umso schöner ist es dann, in diesem malerischen Dorf anzukommen, das aussieht, als würde gleich ein Film über das Dorfleben vergangener Jahrhunderte gedreht werden. Es wird höchste Zeit für Kaffee und Kuchen. Ich hätte da einen Vorschlag: das **Café im Dorf** (siehe Gastrotipp). Wenn es etwas Herzhaftes sein soll, probieren Sie vielleicht das Lokal neben der katholischen Kirche, direkt an der Düssel.
Es fällt schwer, dieses Freiluftmuseum namens Gruiten-Dorf wieder zu verlassen. Aber was jetzt kommt, ist mindestens genauso schön, nur eben anders. Wir folgen der Düssel durch ein wunderschönes Tal – heißt das jetzt Düsseltal oder Neandertal? Ehrlich gesagt weiß ich es nicht. Der Weg ist erst schmal und unbefestigt, dann asphaltiert. Um die Schönheit auch wirklich zu würdigen –, und die Wanderer nicht allzu sehr zu nerven, machen wir einen kleinen Abstecher auf den Berg in Richtung Erkrath-Hochdahl. Über einen Höhenweg mit schönen Ausblicken nähern wir uns wieder dem Tal und kommen bald am Neanderthal Museum an (siehe Tipp).
Vielleicht haben Sie Glück und die Fundstelle unseres Urahnen ist bereits frisch renoviert. Falls nicht, auch nicht schlimm. Das Neandertal macht auch ohne Urmenschen Spaß. Wir radeln leicht bergab entlang der Straße, queren einmal Erkrath-Zentrum und landen glücklich und erschöpft wieder am Bahnhof.

↓ Fachwerk und Schiefer in Gruiten-Dorf ...
↘ ... und im Zentrum von Mettmann

Highlight für Kinder – der Spielplatz beim Neanderthal Museum

INFO

AUSGANGS-/ ENDPUNKT
Bahnhof Erkrath

HÖCHSTER PUNKT
160 m

TIEFSTER PUNKT
50 m

ANFAHRT
S8, S68

PARKEN
Bahnhof Erkrath

Mittel	30 km	290 Hm	2.30 Std.

CAFÉ IM DORF

Ist das Café im Dorf ein Dorfcafé? Irgendwie schon, jedenfalls, wenn man damit einen Treffpunkt meint, an dem Einheimische und Ausflügler gleichermaßen glücklich werden. Das nette Lokal im schönen Gruiten-Dorf begeistert mit einer famosen Auswahl an Kuchen und Torten. Um mal eine Vorstellung zu bekommen: Beim letzten Besuch gab es Stachelbeer-Baiser, Heidelbeer-Mascarpone, Himbeer-Milchreis, Himbeer-Stracciatella, Aprikosen-Käse-Sahne, Mandarine-Joghurt, Apfel-Krokant, Mohn-Schmand, Blaubeer-Pfirsich auf Käse-Sahne sowie Gruitaler. Letzteres ist eine runde Nussecke und eine Spezialität des Hauses. Da fällt die Wahl nicht leicht. Weil das auch die Inhaber wissen, kommt die Bedienung mit einer großen Tafel an den Tisch, auf der alle Torten und Kuchen stehen, die gerade zu bekommen sind. Neben süßen Genüssen lockt das Café auch mit einem engagierten Kulturprogramm. Regelmäßig finden hier Lesungen und Ausstellungen statt.

Pastor-Vömel-Straße 20, 42781 Haan, Tel. 02104/143 66 38, www.cafe-im-dorf.net, Do–Sa 14.30–18, So, Fei 13.30–18 Uhr

↑↗ Welche Kuchen und Torten gibt es gerade? Die Fotos im transparenten Vorhang verraten es.

↓ Das einzige Problem des Cafés: An Wochenenden kann es voll werden.

PER BAHN-EXPRESS BIS VELBERT UND SCHÖN ÜBER DIE HÖHEN

Für Kilometerfresser

Ein gutes Stück der Tour verläuft auf einer ehemaligen Bahntrasse, dem PanoramaRadweg Niederbergbahn. Davor und danach geht es durch eine abwechslungsreiche Hügellandschaft mit schönen Dörfern.

21

Schöne Landschaft, schöner Radweg – bei Düssel kommen Urlaubsgefühle auf.

INS NEANDERTAL Erkrath eignet sich gut als Ausgangspunkt für Touren ins Neandertal. Das schöne und weitgehend unbebaute Tal, in dem 1856 zwei Bergarbeiter Knochen unserer Vorfahren gefunden haben, könnte auch Düsseltal heißen, weil sich hier die Düssel durchaus wild und malerisch einen Weg durch den Berg gegraben hat – ehe sie ganz unspektakulär und kanalisiert hier und da in Düsseldorf wieder auftaucht. Aber das Tal heißt nun mal seit dem 19. Jahrhundert nach dem evangelischen Pastor und Kirchenliedkomponisten Joachim Neander, der im 17. Jahrhundert Rektor einer Düsseldorfer Lateinschule war und immer wieder in das wilde Tal wanderte und dort auch Gottesdienste abhielt.
Wir radeln durch dieses schöne und weltbekannte Tal vom Bahnhof Ratingen aus. Erst ein Stück durch die Kleinstadt, dann entlang der Straße, was hier durchaus ein Vergnügen ist – auch weil die Düssel je nach Wasserstand fast wildbachmäßig durchs Grün mäandert. Das Neanderthal Museum – das schreibt sich mit »th«, so wie die wissenschaftliche Bezeichnung des Neandertalers, des Homo Neanderthalensis – ist immer einen Besuch wert, aber vielleicht nicht jetzt, wo wir noch ordentlich Strecke vor uns haben.

Kirchen säumen den Weg – diese steht in Erkrath.

Kurz hinter dem Golfplatz Hahn müssen wir sogar ganz auf die Fahrbahn wechseln – dort fehlt ein Radweg. Wir können uns trotzdem freuen, denn es geht richtig flott bergab und man kann sich bei den Kurven, die nun kommen, wie ein Motoradfahrer fühlen und ordentlich in Schräglage gehen.

WEITER BLICK Etwa einen Kilometer nach dem Museum biegen wir links ab. Es ist eine etwas verzwickte und gefährliche Kreuzung, bei der irgendwie vergessen wurde, dass es auf der Welt auch Radfahrer gibt. Linksseitig der Fahrbahn verläuft nun der Radweg, auf dem wir etliche Kilometer bleiben. Zum Glück ist der Asphalt gut, und es lässt sich trotz der leichten Steigung leicht rollen. Wenn nicht gerade Gegenwind ist, macht die Strecke richtig Spaß. Der Blick fliegt weit übers Land bis Mettmann, Wuppertal und Wülfrath und, na gut, ohne Autos nebenan wäre es noch schöner, aber so ist es nun mal.

NACH DÜSSEL Dann ist aber gut mit Bundesstraße. In Hahnenfurt biegen wir links in ein schmales Sträßchen ab. Wie schön dieses milde Tal ist, und fließt da nicht die Düssel wieder rechts von uns? Noch einmal queren wir eine Bundesstraße und biegen wieder links ab. Dieses Mal ins hübsche Örtchen Düssel, das mit seinen zwei Kirchen, dem Dorfplatz und den alten Fachwerkhäusern ein echtes Schmuckstück ist. Passend zu diesem Freiluftmuseums-Charme sind die **Kutscherstuben** – unser Gastrotipp auf dieser Tour. Ob im schön nostalgischen Interieur oder auf der lauschigen Terrasse, hier

Tipp

NEVIGES MARIENDOM

Noch einen Abstecher nach Neviges zum beeindruckenden Mariendom? Am Ortseingang von Velbert-Tönisheide geht es bergab in das schöne Pilgerstädtchen Neviges, das heute ein Stadtteil von Velbert ist. Wie eine riesige Betonskulptur oder ein riesiges Betonzelt erhebt sich der Nevigeser Wallfahrtsdom aus der Altstadt. Das Gebäudeensemble wurde in den 1960er-Jahren nach Plänen des Architekten Gottfried Böhm erbaut. Unbedingt sehenswert ist das Innere des Gotteshauses, das unter anderem durch ein Buntglasfenster mit Rosenmotiv erhellt wird (Elberfelder Straße 12, 42553 Velbert-Neviges, www.mariendom.de, tgl. 9–17 Uhr).

bleiben wir erstmal. Im Notfall müssen wir noch etwas warten – das Lokal öffnet erst um 12 Uhr.
Der Weg bleibt auch hinter Düssel herrlich. Schmal und asphaltiert führt er durch ein weites Tal, in dem viele Pferde weiden. Jedes Glück findet mal sein Ende. Und hier kommt es in Form eines strammen Anstiegs. Der Blick und das Land sind zwar immer noch ein Genuss, aber den werden wohl nur die elektromobilisierten Radlerinnen und Radler empfinden. Alle andern schieben oder freuen sich, wie gut sie den Anstieg schaffen. Kleine Motivationshilfe, gleich in Wülfrath geht es steil bergab. Dort sausen wir durchs Wohngebiet, kreuzen im Tal die Hauptstraße und wechseln auf den PanoramaRadweg Niederbergbahn, der etwas versteckt im Wald beginnt – also gut aufs Navi achten.

Mal geht es runter, mal rauf – wenn die Landschaft so schön ist wie bei Homberg, ist beides gut.

Einfach idyllisch – die Düssel im Neandertal

AUF DEM PANORAMARADWEG Der komplette PanoramaRadweg Niederbergbahn führt von Essen-Kettwig bis Hahn und ist insgesamt 40 Kilometer lang. Wir steigen wie gesagt in Wülfrath ein. Wer möchte, kann bei der Gelegenheit 400 Mio. Jahre Erdgeschichte im Zeitraffer erleben. Der Wülfrather Zeittunnel wurde auf einem stillgelegten, 160 Meter langen Abbautunnel angelegt und führt auch in die Geschichte des Kalkabbaus ein, der bis heute die niederbergische Landschaft prägt.

Typisch für eine ehemalige Bahnstrecke – die Steigungen sind sehr moderat. So auch hier. Bis Velbert geht es immer leicht bergan, was aber kaum Mühe macht. Immer wieder sind entlang der Strecke Rastplätze eingerichtet, wo man eine Pause machen und über das weite Land schauen kann. Richtig spannend wird die Szenerie in Velbert. Hier führt die Strecke mal durch einen tiefen Graben, dann über Brücken wie das Viadukt Saubrücke. Auch in Heiligenhaus queren wir einige Brücken. Eine von ihnen wurde aus einem ehemaligen Bahnwaggon gefertigt. Ein anderes Mal fahren wir fast über der Stadt. Ach so, falls Sie es nicht bemerkt haben: Die letzten 10 Kilometer ging es leicht bergab, und wer mit einem sportlichen Rad unterwegs ist, flitzt mit Tempo 30 ohne Mühen über die Piste.

DURCHS ANGERBACHTAL Vielleicht nutzen Sie noch einen der Rastplätze am PanoramaRadweg Niederbergbahn, denn gleich erwarten uns einige Auf- und Abfahrten, die etwas Kraft kosten. Wir verlassen die alte Bahntrasse und wenden uns für ein kurzes Stück wieder dem Autoverkehr zu. Unser nächstes Ziel ist das Angerbachtal. Dieses schöne Tal werden wir auf dieser Tour jedoch nur auf einem kurzen Stück erleben. Erst fahren wir auf einem schmalen und steilen Asphaltstück runter ins Tal, unterqueren die neue Autobahnbrücke der A 44, radeln durch den Weiler Herrenbrück und fahren dann auf einem landwirtschaftlichen Weg wieder aus dem Tal raus. Leider bergauf. Oben angekommen, werden wir mit einem schönen Panoramablick belohnt. Idyllisch erhebt sich der Kirchturm von Homberg über dieses Landschaftsbild – Homberg ist auch unser nächstes Etappenziel. Fahren Sie ruhig die Dorfstraße hinauf, die ist trotz Einbahnstraße für Radler freigegeben. Auf dem Routenplaner ging dies leider nicht, daher folgen die GPS-Daten der parallelen Ringstraße – dort sind aber nicht so schöne Fachwerkhäuser zu sehen wie auf der Dorfstraße, dem Herz von Homberg.

AUF UND AB UND DANN NUR NOCH BERGAB Wenn Sie dringend eine Café-und-Kuchen-Rast einlegen möchten, gleich gibt es Gelegenheit dazu. Wir kommen am Bauerncafé Ilbeck vorbei, dem Highlight der Tour 22.

Der Anstieg nach dem Bauerncafé ist einer der letzten dieser Tour. Und er ist von allen Anstiegen in diesem Buch der steilste. Sie brauchen also kein schlechtes Gewissen zu haben, wenn Sie einfach absteigen und ihr Rad schieben. Der kleine Anstieg beim Gut Aue folgt, ist eine leichte Übung. Danach geht es tendenziell nur noch bergab, sodass wir fast erfrischt wieder am Ausgangspunkt, dem Bahnhof von Erkrath, ankommen.

INFO

AUSGANGS-/ ENDPUNKT
Bahnhof Erkrath

HÖCHSTER PUNKT
270 m

TIEFSTER PUNKT
50 m

ANFAHRT
S 8, S 68

PARKEN
Bahnhof Erkrath

Schwer | 50 km | 500 Hm | 3.50 Std.

↑ Nostalgisch und schön – gleich hinter der Dorfkirche warten die Kutscherstuben.

↓↘ Ob im Gastraum oder auf der Außenterrasse – das Gefühl vergangener Zeiten ist allgegenwärtig.

KUTSCHERSTUBEN

Da radelt man durch Düssel, was allein schon ein Vergnügen ist, und kommt an diesem Lokal vorbei. Nein, man kommt nicht vorbei. Vor einem verwinkelten und großen Fachwerkbau hinter der Kirche lockt eine schöne Außenterrasse. Und wenn man absteigt und hineingeht in dieses 1628 errichtete Gebäude, geht dem Nostalgiker das Herz auf. Ein Gasthaus wie anno dazumal. Eine bergische Kaffeetafel im Porzellangeschirr? Hier ist das fast ein kulturelles Event. Oder ein Kutscher-Schnitzel für hungrige Radlerinnen und Radler? Das wird mit Schmorzwiebeln, Spiegelei, Bratkartoffeln und Salat serviert. Auch sonst ist die Küche passend zum Ambiente eher klassisch beziehungsweise gutbürgerlich, was zum Beispiel die Forelle nach Müllerinnen Art oder die hausgemachte Roulade beweisen.

Dorfstraße 6, 42489 Wülfrath,
Tel. 02058/782 28 09,
www.kutscherstuben-wuelfrath.de,
Mo–Sa 12–22, So 12–21 Uhr

Auf dem Weg nach Ratingen

22

DURCH DEN AAPER WALD UND ÜBER DIE HÖHEN BIS HOMBERG

Über die Felder

Eben noch in der Stadt und schon in der schönsten Natur. Wer's nicht glaubt, kann es mal mit dieser Tour probieren. Lang ist sie nicht, aber dafür geht es auf und ab, was bei all den schönen Aussichten, Bauernhöfen und Sträßchen kaum auffällt. Auch das Ausflugsziel ist ein ländlicher Traum.

AUF DURCH DEN AAPER WALD Für viele Düsseldorferinnen und Düsseldorfer, die in den nördlichen Stadtteilen zuhause sind, ist der Aaper Wald wie ein guter Freund oder eine gute Freundin. Egal, wie es einem geht, hier ist man immer willkommen und immer ist es ein Gewinn, wenn man sich aufgerafft hat. Wahrscheinlich braucht jeder einen Wald in seiner Nähe, in den er oder sie von Zeit zu Zeit eintauchen kann. Genau das machen wir jetzt auch. Das heißt, wir radeln zunächst noch ein paar Meter durch den Ortsteil Rath. Vielleicht staunen Sie auch über die riesige Kirche, an der wir vorbeikommen. Kein Wunder, dass die gewaltige neoromanische Basilika auch »Rather Dom« genannt wird. Dann tauchen wir in den Wald ein. Auf einem asphaltierten Weg müssen erst einmal 70 Höhenmeter bezwungen werden. Das hört sich nach nicht viel an, ist aber ganz schön anstrengend – und hier wie auch bei den anderen Touren gilt: Schieben ist keine Schande. Gehört es nicht zum Radfahren dazu? Umso mehr Zeit hat man, sich den Mischwald etwas genauer anzuschauen. Der wirkt, obwohl es ein Stadtwald ist, fast wie in einem Mittelgebirge mit seinen hohen Buchen, den Stieleichen, Birken, Eschen und Ahornen und was dort sonst noch so in die Höhe wächst.

AM SEGELFLUGPLATZ ENTLANG Höhe ist eine gute Überleitung. Denn wenn wir es nach oben geschafft haben, kommen wir an einer riesigen Wiesenfläche heraus. An einem sonnigen Wochenende ist es gut möglich, dass darauf ein Segelflieger abhebt oder landet. Die Strecke führt nun am Segelflugplatz Wolfsaap entlang, womit genug Zeit bleibt, den Fliegern zuzuschauen. Das Bauernhofcafé von Gut Grütersaap, an dem wir jetzt vorbeikommen, ist bei Familien mit Kindern sehr beliebt. Was nicht weiter verwundert, auf dem Gelände laufen etliche Tiere frei herum. Wer jetzt schon eine Pause

Tipp

AAPER WALD UND GRAFENBERGER WALD

Wenn man es schon mal bis hoch zum Segelflugplatz geschafft hat, warum nicht noch eines der beliebtesten Ausflugsziele der Düsseldorfer erkunden? Wenn Sie am Segelflugplatz nicht Richtung Knittkuhl, sondern entgegengesetzt fahren, kommen Sie zur Düsseldorfer Galopprennbahn. Hier finden nicht nur fünf Rennen, wie der Henkel-Preis der Diana statt, sondern auch Open-Air-Events wie das Querfeldein Gravel & Cross Festival, an dem Radprofis und ambitionierte Hobbybiker teilnehmen. Auf dem Gelände gibt es natürlich auch ein Lokal, das Grafengrün mit schöner Außenterrasse. An Wochenenden öffnet auf dem Areal ein Barista-Team den perfekt ausgestatteten Street-Food-Wohnwagen und kredenzt köstlich zubereitete Kaffees (www.duesseldorf-galopp.de).

Der »Rather Dom« im Stil einer romanischen Basilika

braucht: Hier gibt es Kuchen und manchmal auch Grillwürste. Nachdem wir das Dorf Knittkuhl halb umrundet haben, führt unser Weg an der ehemaligen Bergischen Kaserne wieder auf die weiten Felder. Die seltsamen Betonruinen am nördlichen Ende des Areals sind ein Übungsgelände. Der Blick über das offene, weite Land, das hier und da von Tälern unterbrochen wird, das ist typisch für diese Tour und wird uns in vielen Variationen wiederbegegnen.

WEITE FELDER Durch eines dieser stillen Täler fahren wir bergauf, nachdem wir zum Gut Cones heruntergesaust sind. Weiter geht es, vorbei an bilderbuchreifen Bauernhäusern und dem Gut Diepensiepen, wo an Wochenenden gerne Hochzeitsgesellschaften feiern. Erst überqueren wir die A 3 und dann verlassen wir die Ratinger Landstraße und biegen beim Gut Aue wieder in das Reich der Hügel und offenen Felder ab. Es geht bergab, es geht bergauf – und dann wieder diese Aussicht, einfach großartig. Die Abfahrt mit S-Kurve, die jetzt folgt, würde so auch ins Allgäu passen. Auf jeden Fall ist die steile Abfahrt ein großer Genuss.

Das lässt sich auch über unser Ausflugsziel sagen, das **Bauernhof-Café Groß-Ilbeck**, wo man es sich an trockenen Tagen auf der Terrasse gutgehen lassen kann. Etwas unterhalb des Bauernhofs liegt eine alte Fachwerkmühle. Auf Höhe der Mühle wird es Zeit, in den leichtesten Gang zu schalten, den das Fahrrad zu bieten hat, denn der anschließende Anstieg hat es in sich. Schieben? Unbedingt.

ZURÜCK IN DEN AAPER WALD Und weiter geht es mit der Idylle aus Feldern, Weite und schönen Bauernhäusern. Einziger Unterschied: Jetzt kommt noch ein Golfplatz hinzu. Mit Unterquerung der A 44 erreichen wir die östlichen Wohnviertel von Ratingen. Nachdem wir das Businessareal – mit ordentlichem Radweg – hinter uns gelassen haben, rollen wir über ein Nebensträßchen heimlich wieder aus der Stadt raus.

Entlang von Pferdekoppeln, die zum Landgasthaus Gut Lohof gehören, gelangen wir zurück zum Bahnhof Rath-Mitte.

INFO

AUSGANGS-/ ENDPUNKT
Bahnhof Rath-Mitte

HÖCHSTER PUNKT
130 m

TIEFSTER PUNKT
40 m

ANFAHRT
S6

PARKEN
Parkplatz Aaper Wald, Dachsbergweg

Mittel	20 km	230 Hm	1.30 Std.

↑ Gross-Ilbeck ist eines der schönsten Bauernhofcafés rund um Düsseldorf.

↓↘ Neben großartigen Torten können sich die Gäste auch mit geräuchertem Fisch versorgen.

BAUERNHOF-CAFÉ GROSS-ILBECK

Die Lage und die familiäre Atmosphäre des Bauernhof-Cafés könnte man sich gar nicht besser vorstellen. »Viele Gäste sagen, dass ein Aufenthalt bei uns wie ein Kurzurlaub wäre«, erklärt Berna Weidtmann, die gemeinsam mit ihrem Mann Lars das Café führt. Die selbst gebackenen Kuchen sind weit über die Stadtgrenzen hinaus bekannt. Ein weiteres Highlight sind die selbst geräucherten Forellen und Stremellachse. An Ostern und Weihnachten wird auch geräucherter Aal angeboten. Die Forellenfilets und den Lachs kann man auch im Café essen – ganz romantisch auf der Terrasse unter Bäumen oder im rustikalen Speiseraum.

Ilbeckweg 40, 40882 Ratingen,
Tel. 02102/50391, www.cafe-ilbeck.de,
Fr–So 11–17 Uhr

PS:

ALS REISEJOURNALIST KONNTE ICH FREMDE STÄDTE UND LÄNDER KENNENLERNEN. Vor allem auf dem spanischen Festland und den Balearen war ich viel unterwegs. Über Düsseldorf, wo ich mit der Familie hinzog, nachdem wir einige Jahre in Madrid leben durften, hatte ich nie etwas geschrieben. Dafür brauchte es schon das Coronavirus, das den Reiseradius, nicht aber den Wunsch unterwegs zu sein, einschränken konnte. Draußen sein und Neues entdecken – ohne weit zu reisen, das war der Plan.

AM ABEND AUFS RAD

Als Redakteur und Berater bleibt für den Reisejournalismus nicht mehr viel Zeit. Aus Spaß am Sport und weil das Unterwegssein einfach zum Leben gehört, bin ich beim Radfahren gelandet. Wie so viele habe ich das Rennrad entdeckt und auf ungezählten Wochenend- und Feierabendrunden die Region um Düsseldorf erkundet. Dabei habe ich so viele schöne Ecken gesehen, dass die Idee zu diesem Buch entstand. Allerdings geht es hier nicht ums Tempo, sondern darum, sich Zeit zu lassen für all die Eindrücke und Erlebnisse, die einen vor der Haustür erwarten.

DAS GLÜCK AM RHEIN ZU SEIN

Wenn sich ab und an doch die Gelegenheit bietet, weiter weg zu reisen, um zum Beispiel über Mallorca zu schreiben, weiß ich jetzt: So schön es dort auch ist, Düsseldorf und das Umland muss sich nicht verstecken. Mein Rezept, wenn das Fernweh schmerzt und es keine Gelegenheit zum Reisen gibt: Aufs Rad und Richtung Rhein, das hilft fast immer.

Ich wünsche Ihnen viel Spaß auf Ihren Touren,
Ihr

Lothar Schmidt

Allee zum Schloss Heltorf (Touren 5 + 6)

Kunst im Wald
bei Ossum-Bösinghoven

REGISTER

In gleicher Reihe erschienen ...

ISBN 978-3-7343-2145-0

ISBN 978-3-7343-2478-9

BRUCKMANN

www.bruckmann.de

IMPRESSUM

Verantwortlich: Kerstin Thiele
Redaktion und Lektorat: Susanne Maute, mcp concept GmbH
Layout- und Reihengestaltung: Mathias Frisch
Satz: mcp concept GmbH
Repro: LUDWIG:media
Kartografie: Bruckmann Verlag GmbH, Heidi Schmalfuß
Herstellung: Alexander Knoll
Printed in Poland by CGS Printing

Exklusiv für Sie als Leser:

MIT GPS-DATEN ZUM DOWNLOAD

unter: gps.bruckmann.de

Sind Sie mit diesem Titel zufrieden? Dann würden wir uns über Ihre Weiterempfehlung freuen.
Erzählen Sie es im Freundeskreis, berichten Sie Ihrem Buchhändler, oder bewerten Sie bei Onlinekauf. Und wenn Sie Kritik, Korrekturen, Aktualisierungen haben, freuen wir uns über Ihre Nachricht an Bruckmann Verlag, Postfach 40 02 09, D-80702 München oder per E-Mail an lektorat@verlagshaus.de.

Unser komplettes Programm finden Sie unter www.bruckmann.de

In diesem Buch wird aus Gründen der besseren Lesbarkeit das generische Maskulinum verwendet. Weibliche und anderweitige Geschlechteridentitäten werden dabei ausdrücklich mitgemeint, soweit es für die Aussage erforderlich ist.

Bildnachweis: Alle Bilder im Innenteil stammen vom Autor mit Ausnahme von
S. 17 © Johannes Pöttgens, S. 29 alle © D-Schänke, S. 43 m., u. © liebevoll! in der Auermühle GmbH, S. 55 alle © Bauerncafé Ellerhof, S. 61 alle © Landhaus Freemann, S. 71 o., l. u., r. u. © Lavendel im Brückencafé, S. 83 alle © Castello di Chiara, S. 89 o. © Bolten Landwirtschaft, S. 95 o., u. © Fabian Mattick, S. 105 alle © Stratos Dining, S. 111 l. o., r. u. © Café zum Tulpenfeld, S. 117 o., u. © Klosterhof Knechtsteden, S. 123 alle © Burgcafé Wasserburg Haus Graven, S. 129 alle © Fährhaus Zons, S. 135 alle © Café mit Liebe, S. 149 alle © Kutscherstuben.

Umschlagvorderseite: gr. Bild: Am Rhein entlang zu fahren ist in Düsseldorf Niederkassel besonders schön, Johannes Pöttgens; Bild gr. Kreis: Einer der schönsten Biergärten der Region – Galerie Burghof in Kaiserswert Tour 7), L. Schmidt; Bild kl. Kreis: Hausgemacht und lecker – Torte vom Café mit Liebe in Monheim,L. Schmidt.
Umschlagrückseite: Das Burgcafé in der Wasserburg Haus Graven (Tour 17) © Burgcafé Wasserburg Haus Graven

Die Deutsche Nationalbibliothek verzeichnet diese Publikation in der Deutschen Nationalbibliografie; detaillierte bibliografische Daten sind im Internet über http://dnb.d-nb.de abrufbar.

ISBN: 978-3-7343-2725-4